HEYNE FILMBIBLIOTHEK

*»Pretty Woman«: Skeptischer Blick zurück, Mut für die Zukunft.
Julia Roberts bleibt unersetzlich im Kino der neunziger Jahre*

MEINOLF ZURHORST

JULIA ROBERTS
»PRETTY WOMAN«

Originalausgabe

WILHELM HEYNE VERLAG
MÜNCHEN

HEYNE FILMBIBLIOTHEK
32/168

Herausgeber: Bernhard Matt

BILDNACHWEIS

Archiv Dr. Karkosch 40, 55, 61, 62, 65, 68, 76, 84, 112, 115, 119, 133, 138, 148
DPA 86
DPA/Tristar 81
DPA/2oth Century Fox 95
Film-Archiv Lothar R. Just 2, 33, 35, 47, 49, 57, 59, 73, 75, 82, 99, 101, 103
Inter Topics 29, 37, 106, 127, 128
Inter Topics/Christine Loss 109, 120
Inter Topics/Miss Chickie/Star File 79
Inter Topics/Janet Gough/Celebrity Photo 89
Inter Topics/John Pascal/Celebrity Photo 141
Inter Topics/Ron Batzdorff 67, 70, 71
Inter Topics/Ron Galella 91, 153
Inter Topics/Vinnie Zuffante/Star File Photo 9
Inter Topics/Visages 51
La Digue/Jonathan Kennard/OROP 10
La Digue/Sylvain Legrand/OROP 22
Pandis Media 6, 11, 17, 27, 125, 131
Stiftung Deutsche Kinemathek 41, 45, 96, 98
Ullstein/Camera Press Ltd. 15, 145

2., aktualisierte Auflage

Copyright © 1992 by Wilhelm Heyne Verlag GmbH & Co. KG, München
Umschlagfoto: Interfoto München
Rückseitenfoto: Interfoto, München
Printed in Germany 1994
Umschlaggestaltung: Atelier Ingrid Schütz, München
Herstellung: H+G Lidl, München
Satz: Fotosatz Völkl, Puchheim
Druck und Bindung: Ebner Ulm

ISBN 3-453-05757-0

Inhalt

Pretty Woman Julia
Sex-Appeal und Natürlichkeit
7

KAPITEL 1
Julia – Die Rettung aus der Krise?
14

KAPITEL 2
Aschenputtel vom Hollywood Boulevard
58

KAPITEL 3
Die Magie des Stars
93

Filmographie
145

Bibliographie
171

Register
175

»Heißer als Marilyn Monroe?«

PRETTY WOMAN JULIA

Sex-Appeal und Natürlichkeit

Sie ist ein Superstar. Zweifellos. Oder vielleicht doch nicht? Eigentlich verbindet sich nur ein Film mit ihrem Namen, der älteren Kinogängern weniger geläufig sein dürfte als den jüngeren, vor allem Teenagern. Julia Roberts heißt dieser neue Superstar, ist Jahrgang 1967 und der Hoffnungsstrahl einer ganzen Industrie. An ihrem Schicksal – privat wie auf der Leinwand – hängt die Existenz gleich mehrerer Branchen. Etwa die der Taschentuchhersteller, denn in den Kinos auf der ganzen Welt wird kräftig geschneuzt, wenn »Pretty Woman« – wie in *Dying Young* – dem Tod gegenübersteht und ihre Gefühle ins Leere laufen. Daß sich am Ende alles irgendwie immer noch zum Guten wendet und die zuvor geflossenen Tränen nicht ganz umsonst waren, ist Teil der Attraktivität von Julia Roberts, deren dunkelbraune Augen den Zuschauer fast flehentlich um Sympathie und Unterstützung bitten. Verdienen aber tun vor allem die Kinoindustrie, die Werbung, die Medien und – ganz nebenbei – auch Julia Roberts.
Pretty Woman war die Schnulze des Jahres 1990 und ließ den Bekanntheitswert der Nachwuchsmimin über Nacht emporschnellen. Ebenso ihren Marktwert. Julia Roberts ist »bankable«. Ihr Name in einem Film bedeutet sicheren Erfolg. So schien es zumindest. War das Jahr 1990 noch ihr Jahr des Triumphes, schien schon 1991 ihr Stern wieder zu verblassen. Gleich drei Filme erfüllten die in sie gesetzten Erwartungen nicht oder nicht im erhofften Maße. Hollywood wie Julia Roberts stehen seitdem vor einem Rätsel. Was ist los mit Julia? Was ist mit ihrem Privatleben? Ist sie wirklich die Nachfolgerin der beiden Hepburns, Audrey und Katharine, als die viele sie bezeichnen? Ist sie wirklich »heißer als Marilyn Monroe«, wie der scharfzüngige Filmkritiker Rex Reed behauptet? Besitzt

überhaupt eine (im Jahre 1992) vierundzwanzigjährige Schauspielerin, eher durch Zufall zu ihrem Beruf gekommen und unerwartet zum Star geworden, die nötige Lebenserfahrung, aus der allein sich ihre Leinwandpräsenz dauerhaft speisen kann? Nach weniger als einem Dutzend Filmen, die noch keine Präferenzen erkennen lassen, eher dagegen eine Unsicherheit in der Auswahl der Rollen, läßt sich natürlich keine einfache Antwort geben. Nur eins scheint klar. Julia Roberts steht offensichtlich vor einem Wendepunkt ihrer Karriere. Zunächst aber muß sie mit dem Druck der Öffentlichkeit fertig werden, denn sie ziert immer wieder die Titelseiten zahlreicher Illustrierten auf der ganzen Welt und ist Gegenstand manchmal reichlich geschmackloser Spekulationen.

Ihr breites Lächeln, die ebenmäßigen Zähne, die vollen Lippen, die die Erinnerung an Sophia Loren evozieren, die haselnußbraunen Rehaugen, ihre offensichtliche Unbekümmertheit – Merkmal auch ihrer Filmauftritte -, vor allem aber die endlos langen Beine und das wilde, rote Haar wurden von Fotografen, Regisseuren, Kameramännern und Journalisten bislang weidlich ausgenutzt, ja ausgebeutet. Nicht unbedingt zu ihrem Vorteil. Julia Roberts hat nicht die Stärke einer Madonna, die hemmungslos die Medien nutzt, ihren Exhibitionismus auszuleben. Julia Roberts ist eine schlichte Mittzwanzigerin, der der plötzliche Ruhm irgendwie über den Kopf gewachsen scheint. Jetzt ist sie auf der Flucht. Auf der Flucht vor den Medien, die sich ihrer bedienen, deren allgewaltiger Vereinnahmung sie nichts mehr entgegensetzen kann. So weiß die Öffentlichkeit von ihren Affären, einer geplatzten Hochzeit, vom letzten Lover, vielleicht noch von einer Vorliebe für Coca-Cola, doch von der Persönlichkeit Julia Roberts weiß man wenig. Eine Persönlichkeit, die sich in die Privatheit zurückzieht, aber die auch in ihren Rollen zu entdecken ist.

Ihre Filme indes zeigen, daß sie ihren Weg noch sucht. Das macht sie sympathisch, entzieht sie sich doch vorschnellen Festlegungen, im Gegensatz zu vielen ihrer jungen Kolleg(inn)en,

Sentimentaler Charakter

die zufrieden sind mit ihrem Image. Das macht es zudem spannend, ihre Entwicklung zu verfolgen. Vom Teenager in *Mystic Pizza* über die allzu nette Prostituierte in *Pretty Woman* zur leidenden Liebenden in *Dying Young.* Allen ihren bisherigen

Das Lächeln eines Stars

Rollen aber ist eins gemeinsam: die Sentimentalität, der Zuckerguß, mit dem die Realität ihrer Charaktere überzogen ist, fast bis zur Unerträglichkeit. Julia Roberts, das ist die personifizierte Süßlichkeit. Der *all american dream* ohne Ecken und Kanten, der Traum der Teenager, die Flucht aus der Realität.

Schon jetzt ist deutlich: Im Hollywood-Kino der neunziger Jahre ist sie die ungekrönte Schnulzenkönigin – eine Rolle, von der noch unklar ist, ob sie sie selbst angenommen hat oder unter ihr leidet, wie ihr privates Chaos vermuten läßt. Denn die süße Filmwirklichkeit stößt sich an der harten Lebensrealität. Depressionen, Skandale, das ist Futter für die Boulevardpresse, doch Gift für die Schauspielerin. Julia Roberts ist aber auch ein Beispiel dafür, wie wenig Hollywood mit seinen jungen

Das einfache Mädchen aus Smyrna

Talenten anzufangen weiß. Wie gering die Geduld mit einer Schauspielerin ist, die versucht, aus den ihr gesetzten Klischees auszubrechen. Die »Oscar«-Preisträgerin Sally Field, Koproduzentin der Edelschnulze *Dying Young,* kennt die Fallstricke des Hollywood-Systems. Sie selbst hat sich schon häufiger darin verfangen, bevor ihr darstellerisches Vermögen akzeptiert wurde. »Sally war immer für mich da. Sie war mein Fallschirm und mein Netz«, erklärte Julia Roberts in einem Interview. Ein Netz, das sie sicher benötigen wird, denn der Wind weht hart in einem Geschäft, das auf den Erfolg angewiesen ist und bei Mißerfolgen immer zuerst Personen verantwortlich macht. So schnell, wie ihr Marktwert wuchs, kann er auch schon wieder zu Ende sein. Julia Roberts, der Star für die neunziger Jahre, ist ein Produkt der Filmindustrie und nur vor deren Hintergrund erklärlich. Doch sie ist ein Produkt, das wir mit Verzückung genießen.

Dabei macht sie es uns leicht. Denn ihr Lächeln, das so plötzlich zu einem breiten, sprühenden Lachen werden kann, ihr sprühender Sex-Appeal und ihre frische Natürlichkeit, die ohne Widerspruch die Figuren von Nutte und Prinzessin miteinander vereint und damit das Unmögliche wahr werden läßt – Julia Roberts überwindet Gegensätze nicht mit schauspielerischem Können oder Kalkül, sondern mit ihrer spürbaren Betroffenheit, Verletzlichkeit, entwaffnenden Naivität und Empfindsamkeit. Die Figuren der Julia Roberts sind fern der Realität. Es sind idealisierte Frauen, deren Emanzipation, wie ein Kritiker es formulierte, nicht weiter als bis zum heimischen Gartenzaun reicht. Julia Roberts ist eine Traumfrau, weil sie sexy, vulgär, anmachend, liebevoll, aufopfernd, beschützenswert, modern, ungezwungen, natürlich sein kann, und das im Grunde alles nur zum Gefallen des Mannes. Man spürt förmlich ihre Unsicherheit, mit der sie in ihren Rollen – und scheinbar auch in ihrem Privatleben – nach ihrem persönlichen Traumprinzen sucht. Bei vielen ihrer Filme geht das Gerücht, daß sie sich in ihren jeweiligen Partner verliebt habe. Diese fehlende Distanz zur Rolle honoriert das Publikum und idealisiert Julia Roberts zum antiaufklärerischen Aschenputtel in einer scheinbar aufgeklärten, offenen Gesellschaft. Wie amerikanische Psychologen nach dem überraschenden Erfolg von *Pretty Woman* herausgefunden haben wollen, verkörperte diese Geschichte der Hure reinen Herzens, die ihren Prinzen findet, einen unterschwellig vorhandenen romantischen Traum vom Mann, der die Frauen allen irdischen Übels enthebt. So wird es wohl bald zur Fortsetzung dieses Traums kommen, in dem Julia Roberts wieder das spielen kann, was sie gar nicht spielen muß, weil sie es ist: kein Vamp, sondern eine Romantikerin voller Spontaneität, mit aufregendem Sex-Appeal und einer positiven Natürlichkeit, ein Ideal für die neunziger Jahre. Keine Posen, kein Exhibitionismus, unaffektiert, einfach nur ein Mädchen aus Smyrna, Georgia, das sich seine Unschuld bewahren konnte. Deren Regisseure ihr wünschen, daß ihr niemand weh tut, und deren Schicksal es möglicherweise sein wird, das Opfer einer Branche zu werden, in der die Träume gemacht, aber nicht gelebt werden. Zu wünschen bleibt, daß sie in ihrer positiven Ausstrahlung all dem widersteht.

KAPITEL 1

Julia – Die Rettung aus der Krise?

Hollywood lebt von seinen Legenden und seinen Träumen. Es gibt realistische Filme, brutale Filme, doch immer wieder auch Werke, die eine Traumwelt vorgeben, mit Stars, die unerreichbar scheinen und doch so nah. Hollywood erlebte aber auch seit seiner Gründung Anfang des Jahrhunderts immer wieder erschütternde Krisen, denen man mit wechselnden Rezepten und wechselndem Erfolg zu begegnen versuchte. Entweder rettete ein Star ein Studio vor dem Bankrott, wie Mae West die Paramount, oder neue Techniken begeisterten neue Zuschauerkreise. Die Einführung von Ton- und Farbfilm, Cinemascope und Todd-AO waren solche neuen Techniken, die gesteigerte Attraktivität versprachen. Doch die Krisen kamen immer wieder, man konnte sich auf ihren Zyklus verlassen, und die Studiobosse konnten sich darauf einstellen. Etwa in den fünfziger Jahren, als ein neues, revolutionäres Medium – das Fernsehen – den Kinofilm fast zu eliminieren drohte. Gigantische Ausstattungsorgien und aufwendige Rekonstruktionen in pompösen Bibel- und anderen Antik-Epen stellten in ihrem Größenwahn eine Alternative zur kleinen Kiste dar und ließen die Kassen klingeln, doch leiteten sie letztlich auch den Untergang des Studiosystems ein. Die Situation des Kinos ausgangs der achtziger, anfangs der neunziger Jahre ist ebenfalls geprägt von einer Krise. In Europa dauert sie schon länger und ist mehr noch künstlerischer Natur, doch in den USA, immer noch der größte Markt für Hollywood, bahnen sich womöglich grundlegende Veränderungen an.

Hollywood mit Existenzsorgen

Die Einspielergebnisse im Sommer 1991, der Hochsaison für amerikanische Kinogänger, betrugen elf Prozent weniger als im

Hollywoods Rettungsengel

Vorjahr und lagen so niedrig wie seit dreiundzwanzig Jahren nicht mehr. Beunruhigend für die Studiobosse war dabei vor allem ein Umstand. In den USA herrscht seit Ende der achtziger Jahre eine Rezession, und bislang galten wirtschaftlich schlechte Zeiten immer als sicherer Einnahmehöhepunkt für Hollywood. Gewissermaßen als eiserne Regel galt, daß eine Rezession die Zuschauer in Scharen ins Kino treibt. Eine Regel, die, wie die überraschten Studiochefs feststellten, außer Kraft gesetzt schien. Denn nun litt vor allem das Kino unter den geschrumpften Geldbeuteln seiner Zuschauer. »In Filme zu gehen ist eine sehr teure Angelegenheit geworden«, meinte Joe Roth, Leiter der 20th Century Fox. »Wenn man das Parken, den Babysitter und die hohen Eintrittspreise nimmt, ist es verrückt zu glauben, die Leute würden vierzig Dollar ausgeben, um sich einen mittleren Film anzuschauen, der wie jeder andere Film aussieht, wenn sie nach ein paar Monaten Wartezeit den Film ohnehin für ein paar Dollar auf Video sehen können.« (Jeffrey Goodell) Der Film, in dem Julia Roberts ihren ersten Leinwandauftritt hatte, zählt zu diesen unscheinbaren Filmen, die in der Masse des Angebots untergehen, obgleich sie einige Qualitäten aufweisen.

Blood Red, ein atmosphärischer Spätwestern mit prominenter Besetzung, verschwand alsbald aus den Kinos und tauchte als Video auf. In Deutschland ist er ohnehin nur als Video herausgekommen. Und das wohl auch nur wegen der Mitwirkung von Julia Roberts, deren Bekanntheitsgrad und Marktwert die ihres Bruders und Hauptdarstellers Eric sowie die von Dennis Hopper, Giancarlo Giannini oder Burt Young überstiegen haben. Es war eine kleine Rolle, an die sie durch die Fürsprache ihres damals bekannteren Bruders kam. »Eric sagte nur«, erinnert sich der Regisseur Peter Masterson, »›ich habe da eine Schwester. Ist es in Ordnung wenn sie meine Schwester *spielt?*‹ Er sagte einfach nur, daß sie gut sei.« (People) Sieht man den Film, kann man ihm durchaus beipflichten. Natürlich, es ist eine nur kleine Rolle, wenige Minuten vielleicht auf der Leinwand, doch sie beweist bereits eins: Julia Roberts besitzt eine Ausstrahlung, die sie unter anderen hervorhebt.

Um die Jahrhundertwende will der Eisenbahntycoon William Barrigan Bradford (Dennis Hopper) eine neue Verbindung zur

Charisma eines Idols

Westküste schaffen und Schienen mitten durch das kalifornische Weinbaugebiet verlegen. Sebastiano Collagero (Giancarlo Giannini) ist stolz auf seine Leistung, seinen Wein und sein kleines Gut. Probleme bereitet ihm nur der störrische Sohn Marco (Eric Roberts), der sich mehr in den Betten der lokalen Schönheiten rumtreibt als zwischen den Weinstöcken steht. An diesem Tag nun soll endlich die Einbürgerung der Collageros und anderer italienischer Weinbauernfamilien vollzogen werden. Ein Festtag. Sebastiano ruft lauthals nach Marco, dessen Schwester Maria (Julia Roberts) den Anzug ihres Bruders von dem Indianer Samuel heimlich diesem bringen läßt. Mit einem verschmitzten Lächeln, einem mädchenhaften Kichern bestätigt sie ihr Wissen um den Aufenthaltsort Marcos. Der steckt gerade mit einer reichen Witwe (Susan Anspach) in einer Wanne und amüsiert sich.

Im schönsten Kleid sitzen Maria und ihre Schwester Anna (Alexandra Masterson) bei ihren Eltern auf dem Wagen und erleben mit, wie sich eine Versöhnung anbahnt zwischen ihrer Familie und der des Nachbarn, dessen Tochter Anjelica (Lala Harris) schon ein Auge auf den heranpreschenden Marco geworfen hat. Nach der Einbürgerungszeremonie wird gefeiert. Maria ist die Schönste. Im weißen Rüschenkleid, mit einem Blütenkranz im Haar strahlt sie über alle, bleibt aber in den Sekunden, in denen sie zu sehen ist, stumm und unbewegt, als wisse ihre Darstellerin Julia Roberts nicht, was sie tun sollte. Oder als erwarte sie ein Kommando des Regisseurs, dem Vater des Jungstars Mary Stuart Masterson und einem im übrigen durchschnittlichen Vertreter seiner Zunft, der regelmäßig dreht und dessen Filme hierzulande nur auf Video erhältlich sind, ohne daß darunter besondere Höhepunkte zu verzeichnen wären.

Noch während des Festes kommt es zu einem Streit zwischen Vater und Sohn, dem Maria mit merkwürdig unbeteiligter Miene zuschaut. Die Collageros finden aber bald wieder zusammen. Barrigan will nämlich ihr Land kaufen, um jeden

Preis. Sebastiano weigert sich, doch Barrigan kauft Politiker und Beamte, und die enteignen die störrischen Weinbauern. Während sich Marco mit Anjelica trifft, tauchen bereits Landvermesser auf, beschlagnahmen erste Grundstücke und beginnen mit den Bauarbeiten. Es kommt zum Widerstand der Bauern. Nachdem auch der Sheriff sich weigert, die Enteignungen und Vertreibungen durchzusetzen, schickt Barrigan Andrews (Burt Young) und dessen Leute, die nun auf ungesetzliche, gewaltsame Weise die ansässigen Sizilianer in die Flucht zwingen. Ein erster Bauer gibt auf. Collageros Weinlieferung wird zerstört, der Sheriff steht machtlos daneben. Der Kampf gegen Barrigan eint Vater und Sohn, vor allem in einer Schlägerei mit Andrews' Leuten. Die aber rächen sich umgehend. Während Marco allmählich Anjelicas »Widerstände« bricht, überfallen Andrews' Männer die Farm der Collageros, fesseln Sebastiano, schleifen ihn weg und erschießen ihn am Ende. Maria wird Zeugin des schrecklichen Ereignisses. Sie weint leise im Dunkeln. Die Hand an die Stirn haltend, den Kopf zur Seite ins Profil gedreht und nach unten geneigt, nimmt Julia Roberts hier die Pose einer Tragödin ein – von Masterson mit Zurückhaltung inszeniert, so daß sich die Anfängerin nicht allzu lächerlich macht. Deutlich wird in dieser Szene die schauspielerische Unerfahrenheit und Unsicherheit Julias. Bruder Eric als Marco rettet sie alsbald aus der Situation und schwört Rache für den Tod seines Vaters. Keiner aber will ihm helfen. Nur der Indianer Samuel (Joseph Running Fox) und ein anderer alter Freund. Nahezu auf sich allein gestellt, verschwinden Marco und seine beiden Freunde in den Wäldern, von wo aus sie ihren Kampf aufnehmen. Maria zeigt ihnen eines Nachts den Mörder ihres Vaters. Der Mann wird von Marco erschossen. Aus der kleinen Schwester ist in dieser Szene eine entschlossene Komplizin geworden, etwas überraschend wohl auch für Julia Roberts selbst, die ihr Gesicht teilweise unter einer Haube verdeckt und keine weiteren Regungen zeigen muß.
Durch zahlreiche Sabotageakte behindern Marco und seine

Freunde, zu denen sich inzwischen auch die schwangere Anjelica gesellt hat, den Fortgang der Bauarbeiten. So sprengen sie einen Tunnel während der Eröffnungsfeier in die Luft. Andrews und seine Leute reagieren mit Gewalt. Rücksichtslos schießen und prügeln sie und kommen Marco immer näher. Währenddessen entlarvt der örtliche Senator, von Mutter Collagero über die Vorgänge aufgeklärt, die Korruption der verantwortlichen Politiker. Den Auszug der Familie aus ihrer Farm verhindert dies zunächst aber nicht. Als Marco dort auftaucht, um die Familie zum Bleiben zu bewegen, wird er von dem alten Farmarbeiter Fazio (Gangsterfilm-Veteran Marc Lawrence) verraten. Mit knapper Not gelingt ihm die Flucht vor Andrews' Häschern, weil ihm Maria die heranreitenden Männer ankündigt. Diese Warnung ist einer der wenigen Sätze, die Julia Roberts im Film spricht.

Marco rächt sich für den Verrat, als er den fast beendeten Tunnel samt dem darin arbeitenden Fazio nun völlig zerstört. Jetzt muß auch Barrigan einlenken. Die Aktionen haben zuviel Aufmerksamkeit auf seine brutale Vorgehensweise gelenkt, sein politischer Einfluß schwindet. Der Senator (Gary Swanson) will die Gewalt beenden und arrangiert ein Treffen zwischen den Kontrahenten. Doch Barrigan denkt nicht daran, aufzugeben. Er läßt Marco von Andrews' Leuten festnehmen. Mit Hilfe seiner Freunde aber gelingt Marco erneut die Flucht. Es kommt zum Showdown mit Andrews und dessen Männern. Als sich diese nach Andrews' Tod ergeben, gibt auch Barrigan auf. Er weiß, er hat das Spiel verloren, die Weinbauern haben sich durchgesetzt.

Blood Red ist kein schlechter Film. Stimmungsvoll inszeniert, mit der eingängigen Musik von Carmine Coppola, liebevoll in Details und Ausstattung, fehlt ihm dennoch der Biß. Zu sehr nutzt Masterson gängige Klischees (vom freiheits- und frauenliebenden Sizilianer) und läßt die Action-Momente zu häufig die Überhand gewinnen. Ein traditioneller Western im modernen Gewand. Bemerkenswert bleibt der Film dennoch: Der

Grund heißt Julia Roberts. Einige amerikanische Kritiker wollten damals bereits ihre Starqualität im Ansatz erkannt haben. Tatsächlich bergen ihre Auftritte bereits Momente ihrer ganz eigenen Ausstrahlung, die mädchenhafte Schüchternheit und das Gefühl, sie beschützen zu müssen. Schauspielerisch hatte Julia Roberts in diesem Film kaum etwas zu bieten. Die Rolle war zu unbedeutend und zu dünn. Mehr Skelett als Fleisch.
Blood Red, der nach einigen Verrissen auch in den USA kaum in die Kinos gelangte, zählt zu jener Massenware, wie sie Hollywood zu Hunderten produziert. Sie garantiert vielen Beschäftigung und bringt einen mageren Profit durch die Auswertung über Video und Fernsehen. Die finanziellen Probleme Hollywoods, die inzwischen auch strukturelle sind, löst sie nicht. In den achtziger Jahren noch florierte die Traumfabrik. Ein Film wie *E. T.* sprengte sämtliche Einnahmerekorde, ebenso andere, deren Einspielergebnisse Hunderte Millionen Dollar betrugen. Doch mit solchen Erfolgen stiegen auch die Kosten. Nicht kontinuierlich, sondern explosionsartig. Schuld daran waren nicht allein die Gewerkschaften, wie der Action-Star Bruce Willis in einem Interview sagte. Das scheinbar leichtverdiente Geld trieb in Boomjahren in Hollywood die Preise hoch. Spekulanten übernahmen nach den Bankiers das Ruder. Noch die dümmste Idee wurde als Drehbuch mit bis zu mehr als einer Million Dollar vergoldet. Die Ausgaben für die Filme stiegen. Als das Kino noch boomte, interessierte keinen der Studiobosse, daß die Produktionskosten eines Films sich allein in fünf Jahren verdoppelt hatten. Ein Spektakel wie *Batman* kostete fünfzig Millionen Dollar und verschlang fast die gleiche Summe noch einmal für die Werbung. Mit einem Einspielergebnis von vierzig Millionen Dollar an seinem Startwochenende setzte er aber einen neuen Rekord. Einen neuen Rekord setzte der Film auch, was Schauspielergagen betrifft. Fünf bis zehn Millionen sind keine Ausnahme mehr. Jack Nicholson hatte sich prozentual am Nettogewinn beteiligen lassen und strich – nach dem weltweiten Erfolg – dafür die bislang höchste Gage der Filmge-

Die Schauspielerei im Blut

schichte ein. Und alle wollen es ihm nun nachmachen. Für die Studios bedeutet das immer höhere Kosten und Einspielergebnisse, aber immer geringere Profite. Der Ausweg, so glaubt man bis heute, liegt in immer aufwendigeren Filmen oder aber in attraktiven Stars.

Erster Auftritt einer Südstaaten-Schönheit

1989, als die Industrie boomte, gab es den Star Julia Roberts noch nicht. *Blood Red,* ihr Leinwanddebüt, bedeutete erst den Anfang einer Karriere, deren Verlauf jeden überraschte. Am 28. Oktober 1967 in dem Provinzkaff Smyrna in dem Südstaaten-Staat Georgia geboren, hatte die jüngste Tochter von Betty und Walter Roberts gleichwohl von Kindheit an mit der Schauspielerei zu tun. Ihre Eltern leiteten in den sechziger Jahren einen Workshop für Schauspieler und Bühnenautoren in Atlanta, dessen idyllische Vorstadt Smyrna einst war. Bis heute langweilt es durch seine Verschlafenheit. Schon in frühem Alter stand Julia bei ihren Eltern auf der Bühne, gelegentlich in ihres Vaters selbstverfaßten Stücken, wollte allerdings lieber Tierärztin werden. 1971 erlebte sie, gerade vier Jahre alt, die Trennung ihrer Eltern. Der Vater blieb mit dem elf Jahre älteren Bruder Eric in Atlanta, während die Mutter mit den beiden Töchtern Lisa und Julia zurück ins nahegelegene Smyrna zog. »Mein Vater endete als Staubsaugerverkäufer«, erinnerte Julia sich später, »und meine Mutter fand einen Job als Sekretärin. Sie wurden nie reich und berühmt, aber sie brachten mir bei, daß man etwas mit Absicht macht, und wenn es dir gutgeht, um so besser. Aber wenn nicht, stirbt man davon auch nicht. Du machst einfach weiter.« (Michael Reese) Julias Kindheit verlief, von der elterlichen Scheidung abgesehen, ohne sonderliche Höhepunkte. Sie besuchte die lokale Schule, und hier war es, daß sie ein erstes Interesse am Kino entwickelte. Vor allem aber am Schreiben. »Nachdem meine Eltern geschieden waren, blieben wir in Smyrna – ich, meine Mutter und meine Schwester

Lisa«, resümierte sie ihre Kindheit und Jugend. »Atlanta ist nicht weit, aber wir gingen dort nicht häufig hin. In der High School war ich wie jede andere; ich hatte meine Freundinnen, ich trieb Sport. Ich war nicht wirklich toll in irgend etwas, nur Durchschnitt, ein einfaches Kind. Mir machte die Schule Spaß, aber irgendwie paßte ich nicht richtig rein. Ich war nie ein Cheerleader, keins dieser wirklich *glorreichen* High-School-Dinger (...).

Ich begann, mehr zu lesen, als ich allmählich in Algebra schlechter wurde. So fing ich an, in die Bibliothek zu gehen. Eines Tages stolperte ich über dieses riesige Buch mit dem Titel ›Leaves of Grass‹ von Walt Whitman, und ich verbrachte den Rest des Semesters damit, dieses Buch zu lesen. Ich begann, mehr Poesie zu lesen, und dann hatte ich auch das Glück, einen wunderbaren Englischlehrer zu haben, der uns ›The Canterbury Tales‹ lesen ließ.

In derselben Klasse schauten wir uns *Beckett* (USA 1964, Regie: Peter Glenville, mit Richard Burton, Peter O'Toole, John Gielgud, d. A.) an, und ich spürte meine erste wirkliche Zuneigung zu Filmen, allerdings zu anderen als denen, die eine Schülerin einer High School von sich aus gesehen haben würde. Die Schule besaß eine Handvoll wirklich großartiger Lehrer, wie sich herausstellte, und mit einigen Ermutigungen begann ich mich mehr und mehr fürs Schreiben zu interessieren.« (Robert Palmer)

Ihr Vater starb, als sie acht Jahre alt war, doch das betraf ihr Leben offensichtlich nicht allzu sehr. Ihre Energie verwendete sie darauf, die unangenehmen Unterrichtsstunden zu meiden. »Julia konnte wirklich kreativ sein. Sie konnte in Sekundenschnelle auf die Tränendrüsen drücken, um aus dem Klassenzimmer rauszukommen«, erinnerte sich ihre Mitschülerin Joan Raley in dem Magazin »People«. Dennoch, Julia Roberts beendete mit einem Diplom die Campbell High School und zog bereits drei Tage später aus der Südstaaten-Provinz nach New York. »Ich überzeugte mich selbst, daß ich drei Möglichkeiten hätte. Ich könnte heiraten, ich könnte aufs College gehen, oder ich könnte nach New York ziehen. Keiner wollte mich heiraten, und ich wollte nicht weiter auf die Schule gehen, also zog ich um.« (Myra Forsberg). Julia zog zu ihrer zwei Jahre älteren Schwester Lisa, die dabei war, Schauspielerin zu werden. Bruder Eric hatte zu diesem Zeitpunkt bereits Hauptrollen in Filmen wie *Star 80* (1983; Regie: Bob Fosse, mit Mariel Hemingway, Cliff Robertson), *The Pope of Greenwich Village* (1984; Regie: Stuart Rosenberg, mit Mickey Rourke) gespielt und war für *Runaway Train* (1985; Regie: Andrei Konchalovsky, mit Jon Voight, Rebecca DeMornay) sogar für einen »Oscar« nominiert worden. Ein junger Schauspieler damals mit der offenbaren Kraft, ein Star zu werden. Ein Versprechen allerdings, das Eric nicht erfüllen konnte. Er bewies nicht die nötige Publikumsattraktivität und spätere, angebliche Drogen- und Alkoholexzesse beschädigten seinen Ruf. Dabei ist Eric Roberts ein ungeheuer ausdrucksstarker Schauspieler von manchmal dämonischer Präsenz, in dem eine latente Bereitschaft zur Gewalt zu schlummern scheint. Seine schauspielerischen Qualitäten jedenfalls dürften höher einzuschätzen sein als die seiner jüngsten Schwester. Deren Karriere begann sofort.

Zunächst war es nicht ihr Können, mit dem sie beeindruckte. Es waren ihre langen Beine, überhaupt ihre Größe. Julia Roberts wurde für kurze Zeit Model für die Agentur Click. »Ihr Gewicht war richtig«, erzählte eine Agenturmitarbeiterin der Zeitschrift »People«, »und sie besitzt ein unglaublich fotogenes Gesicht. Aber ich glaube nicht, daß sie sich völlig einsetzte. Ihr Ziel war es, Schauspielerin zu werden.« Mit der Rolle der Maria in *Blood Red* erfüllte sich 1986 dieser Wunsch. Doch noch war sie auf die Hilfe anderer angewiesen. So versuchte sich Julia zunächst halbherzig auf einer Schauspielschule. »Ich brachte es nie wirklich zur Schauspielschule. Ich ging einige Male in Schauspielklassen, aber es schien irgendwie dem nicht sehr dienlich zu sein, was ich wollte. Irgendwie entschied ich mich

nie richtig, zur Schule zu gehen oder nicht – das passiert einfach so. Manchmal scheinen die Leute irgendwie davon enttäuscht; sie möchten von all den harten Jahren hören. Aber damit konnte ich nicht dienen. Deshalb dachte ich, was ich mache, muß so ziemlich das sein, was alle machen.« (Robert Palmer) Abgesehen von ihren Modeling-Jobs – eine Erfahrung, die ihr noch heute hilft, wenn sie einmal mehr auf die Titelseiten einer Illustrierten soll – führte Julia Roberts das übliche Leben einer angehenden Schauspielerin, von denen New York voll ist. Interessanterweise fand sie nie den Weg auf die Bühne, offensichtlich war ihre Erscheinung schon außergewöhnlich, so daß sie nicht lange warten mußte, bis ihre eigentliche Schauspielerkarriere in Film und Fernsehen begann. Die Casting-Direktorin Bonnie Timmermann engagierte sie 1987 für die Rolle eines sexuell mißbrauchten Teenagers in einer Episode der TV-Krimi-Serie *Crime Story,* einer Produktion von Michael Mann, der sie dann auch in der Folge »Blutiger Spiegel« seiner stilbildenden Cop-Serie *Miami Vice* auftreten ließ. Als Polly Wheeler spielt Julia Roberts darin die elegant wirkende, in atemberaubend enge Kostüme oder offenherzige Morgenmäntel gekleidete Sekretärin eines Gangsters, dem sich Sonny Crockett (Don Johnson) als rechte Hand zur Verfügung stellt, nachdem er bei seiner Arbeit als Undercover-Agent das Gedächtnis verloren hat. Schnell wird Polly auf Crocketts, wie sie es anzüglich-lüstern formuliert, »Qualitäten« aufmerksam und macht sich unverhohlen an ihn heran. Mit kokettem Augenaufschlag und einladendem Lächeln schafft sie es bald, ihn ins Bett zu holen, wo sie leicht bekleidet, aber nicht in der Lage ist, seine Alpträume zu vertreiben. Als sie später dann erfährt, daß Crockett in Wahrheit Polizist ist und wohl bald beseitigt werden wird, kommentiert sie knapp: »Wie schade.«
Anderthalb Jahre lang sprach Julia Roberts für Werbespots und Fernsehrollen vor, ohne große Resonanz zu erzielen. Mehr schlecht als recht konnte sich die ehemalige »Miss Panthera« aus Smyrna durchschlagen, doch letztlich zahlte sich das En-

Karriere als Model

gagement durch Bonnie Timmermann aus. Nach einem Auftritt in der TV-Serie *Spenser: For Hire* endlich größere Filmrollen; die rasche Entscheidung, nach New York zu gehen, hatte sich als goldrichtig erwiesen. »Es war nicht wirklich eine mutige Entscheidung meinerseits. Ich war nicht in Manhattan und stellte mich mutig allein den Dingen entgegen«, resümierte sie später. »Ich zog zu meiner Schwester Lisa, und es war dasselbe wie zu Hause – nur daß Mom nicht da war und wir nicht angeschrien wurden, wenn wir zu raufen anfingen. Lisa verschaffte mir eine Menge Polster. Ich hielt sie immer für furchtlos. Als wir noch Kinder waren, glaubte ich immer, sie würde mich beschützen, wenn ich Angst hätte. Und mit siebzehn in New York war es das gleiche.« (Robert Palmer)

Die lange Schlaksige mit dem lockeren Mundwerk

Die erste größere Rolle erhielt sie in der Teenager-Komödie *Satisfaction*. Der Film – gedacht als Star-Vehikel für Justine Bateman, Hauptdarstellerin der Sitcom *Family Ties,* und doch mehr ein Ensemblefilm – beginnt mit einer Szene, die Julia Roberts aus eigener Erfahrung noch gut in Erinnerung sein mußte: die Entlassungszeremonie an der High School. »Meine angenehmsten Erinnerungen aus jener Phase«, erinnerte sie sich später im Zusammenhang mit dem Tod ihres Vaters, »sind die an die High School, wo ich mit meiner besten Freundin Page herumhing. Wir aßen Thunfisch-Sandwiches und tranken dazu Diät-Cola, sahen uns Seifenopern im Fernsehen an und redeten stundenlang darüber, was wir mit unserem Leben anfangen würden, wenn die Schule vorüber wäre.« (Heinzlmeier) Das wissen auch Daryle (Roberts) und ihre Freundinnen Jennie Lee (Bateman), Mooch (Trini Alvarado) und Billy (Britta Phillips) nicht so richtig. Nur, daß sie erst einmal richtig was erleben möchten, bevor sie aufs College gehen oder heiraten. »Satisfaction« (nach dem Rolling-Stones-Stück) suchen sie und glauben, sie mit ihrer Band zu finden. So muß Daryle erst einmal

Julia (links) und ihre Band in ›Satisfaction‹. Justine Bateman rechts

den Verlobungsring ablehnen, den ihr ihr eifersüchtiger Freund Frankie (Chris Nash) noch während der Abschlußzeremonie unter die Nase hält. Sie steht nämlich am Baß in ihrer Mädchenband und freut sich auf ein mögliches Sommergastspiel an der Küste. Auf der Probe erweist sie sich als die Ordinäre, mit lockerem Mundwerk und unverhohlenen Anspielungen auf das männliche Geschlecht, das sie nur vorläufig als zweitrangig ansehen will. Bevor die Band auf Tournee gehen kann, muß erst noch einiges organisiert werden. Etwa der Bus, den Mooch und Billy einer Bande von Halbstarken stehlen. Außerdem benötigt man einen Keyborder, den die Bandleaderin Jennie im schüchternen Klassikfan Nickie (Scott Coffey) von gegenüber findet. Auch bei ihr zu Hause ist das Vorhaben nicht unumstritten, bestehen ihre älteren Brüder doch darauf, daß sie unbedingt studieren soll. Schließlich ist es soweit. Jennie hat ihre Brüder und Nickie überzeugt, Mooch und Billy sind mit dem Auto da, und die sich betont vulgär gebende Daryle hat ihrem Frankie den Laufpaß gegeben. Das Quintett macht sich auf den Weg zu dem anvisierten Vorspieltermin. Allerdings trifft es einen Tag zu früh im Haus des Clubbesitzers Martin Falcon (Liam Neeson) ein und überrascht den ehemaligen Rockmusiker im Alkoholrausch.

Am nächsten Abend erzwingen sie ein Vorspielen im Club von Falcon, der eigentlich eine andere Gruppe engagieren will und nicht viel von Mädchenbands hält. Doch Jennie und ihre Truppe belehren ihn eines Besseren. Jennie, die Leadsängerin, bildet von nun an den Mittelpunkt des Geschehens. Schon von Beginn an fühlt sie sich zu dem verschlossenen Falcon hingezogen, will ihn davon überzeugen, ihr etwas beizubringen. Julia Roberts in der Rolle der Daryle, die sich als Baßspielerin ohnehin immer am Bühnenrand bewegt, hat in der Folge wenige, aber prägnante Auftritte. Sie hält sich meist am Rand des Geschehens auf. Während Jennie also den schweigsamen Falcon aufweicht, posiert Daryle im knappen Bikini am Strand, gibt den Blick frei auf einen ansehnlichen Körper und macht dabei eine bessere Figur als auf der Bühne, wo sie ziemlich staksig wirkt. Als die Mädchen am Strand ein paar reiche Jungs kennenlernen, wirft sich Daryle ihnen als erste in die Arme. Sie verkörpert den Sex in der Runde, und man merkt, daß es ihr Spaß macht, den Jungs zu gefallen. Die Musikerkarriere ist ihr nicht wichtig. Bereits hier, in dieser Rolle, verströmt Julia Roberts ihren natürlichen Sex-Appeal, den sie mit Vulgarität zu verbinden versteht, ohne den Eindruck entstehen zu lassen, wirklich selbst ordinär zu sein. Denn den letzten Schritt vollzieht sie dann doch nicht, was wohl zu ihrer Popularität wesentlich beigetragen hat. Vielmehr demonstriert sie den Sex als mädchenhaften Spaß, nicht wirklich ernst zu nehmen. Das nächtliche Strandfeuer und das friedliche Zusammensein mit Gitarre, bei dem sich Daryle und ihre Freundinnen an die Schultern der Jungen lehnen, nutzt die Regisseurin Joan Freedman dazu, die Geschichte ihres harmlosen Films ins Unverbindliche umzubiegen.

Jennie singt ein Duett mit Falcon, erfährt, daß dieser nach dem Tod seiner Frau nicht mehr komponieren und auftreten wollte, sich lieber dem Alkohol hingab. Als Jennie ihm Vorwürfe macht, kommt es zum Streit und zur baldigen Versöhnung. Geschickt nutzt die Bandleaderin die Situation, um eine höhere Gage herauszuschlagen. Denn inzwischen ist sie mit ihrer Mädchenband die Attraktion von Falcons Strandclub. Jennie und Martin fahren raus aufs Meer und kommen sich näher, als beide vom Boot gefallen sind. Martin bietet dem Mädchen eine Europatournee an. Doch Jennie zweifelt, denn sie hat ein Stipendium, will studieren. Noch in der gleichen Nacht, sie haben sich mit einem Kuß verabschiedet, beginnt Falcon wieder zu komponieren.

Ein Intermezzo am Strand: Daryle und die Mädchen albern herum. So unbeschwert, wie sie es in der Folge nicht mehr sein werden. Daryle hat einen reichen Jungen kennengelernt und ist mit ihren Freundinnen und Nickie zu einer Party eingeladen. In ein knalliges Kleid gepreßt, das ihre Figur und vor allem ihre langen Beine hervorragend zur Geltung bringt, ermahnt sie ihre Freunde ein letztes Mal, sie nicht zu blamieren. Sie setzt große Hoffnungen in die Party; ihre Träume, einen Mann zu finden, der sie aus ihren Verhältnissen erlöst, hofft sie dort vielleicht zu verwirklichen.

Dieser Traum von der Erlösung durch eine Art Märchenprinz – er findet sich in fast allen Rollen Julia Roberts'. Wohl deshalb ist sie das Idol vieler Frauen, die in ihr irgendwelche geheimen Sehnsüchte verkörpert sehen, und ebenso das Idol vieler Männer, die sich geschmeichelt fühlen, von einer so aufregenden Südstaaten-Schönheit begehrt zu werden. Wie Audrey Hepburn, die in dem Film *Roman Holiday* (USA 1953; Ein Herz und eine Krone) als Prinzessin inkognito einem zynischen Reporter (Gregory Peck) das Herz erweicht und dabei selbst zur richtigen Frau wird und die für diese Aschenputtel-Geschichte mit umgekehrten Vorzeichen einen »Oscar« erhielt, ist auch Julia Roberts eine Antwort auf den Vamp und den Sex-Star. Es ist eine altmodische Antwort, die nicht in die Zeit zu passen scheint und gerade deshalb so gerne gesehen wird: eine sanftmütige Romantik, der Wunsch nach Harmonie und das Bemühen, komplexe Verhältnisse auf ihr einfaches Verständnis zu reduzieren.

Als ihre Freunde das langweilige Fest schon verlassen haben, bis auf Nickie und Mooch, die sich endlich ihre gegenseitigen Gefühle eingestehen, läßt sich Daryle nach einem engen Tanz mit dem Jungen von diesem in ein Zimmer bringen. Doch sie läßt nicht zu, wie dieser über sie herfällt. Daryle haut ihm eine Porzellanente auf den Kopf und verläßt wütend die Party. Der Ausflug in die angeblich bessere Gesellschaft endet mit einer Ernüchterung. Nicht die letzte, die Julia Roberts in ihren meist sehr ähnlichen Rollen erleben sollte.

Eines Nachts, als die Mädchen mal wieder dem Publikum, das aus immer mehr Männern besteht, kräftig einheizen, taucht Daryles alte Liebe Frankie auf, wütend darüber, daß sie mit ihrem Hüftschwung – der in Wirklichkeit sehr ungelenk wirkt –

Die drei von der Mystic Pizza

die Jungs aufgeilen würde. Er hat sich sogar mit einigen deswegen angelegt und will sie nun mitnehmen, um sie endlich zu heiraten. Daryle ist entzückt über so viel »Fürsorge« und geht mit Frankie aus. Später taucht sie aufgedreht und herumalbernd in dem Zimmer der Mädchen auf und holt sich den Schlüssel für den Bus der Band. Am nächsten Morgen, als Jennie und die anderen zum Frühstück gehen, hören sie spitze Lustschreie aus dem heftig schwankenden Bus, ebenso abends, als sie zurückkehren. Jennie hat derweil ein weniger einfaches Liebesleben. Sie trifft in Martins Haus eine fremde Frau, Tina (Pop-Star Deborah Harry alias Blondie), glaubt, Falcon habe sie betrogen, und läuft davon. Martin folgt ihr und erklärt ihr, daß Tina nur eine alte Freundin sei. Versöhnung und Küsse am nächtlichen Strand, Jennie hat sich richtig verliebt. Sie singt seinen neusten Song und wirkt inspirierend auf ihn. Doch jetzt beginnen erst richtig die Probleme. Billy hat zuviel Tabletten geschluckt, und Daryle erklärt, die Band verlassen zu wollen, um Frankie zu heiraten. Sie wird nicht auf die mögliche Europatournee gehen. Martin hat wieder angefangen zu trinken, denn er muß Jennie sagen, daß er sie nicht liebt, um sie davon abzuhalten, die Tournee der Uni vorzuziehen. Der ältere Mann wirkt hier wie ein Vater, und seine Haltung bereichert den Film um eine pädagogische Note. Jennie ist am Boden zerstört; sie wäre bereit, ihrer Liebe alles zu opfern, doch Martin schickt sie fort. Um ihrer Freundin zu helfen, erklärt Daryle, sogar auf ihre Heirat zu verzichten und mit auf Tournee zu gehen. Danach haut sie bei einer Schlägerei mit den Jungs, denen sie den Bus gestohlen hatten, jemanden mit ihrer Baßgitarre k. o. Ihr Engagement ist zu Ende. Das Leben beginnt wieder. Klar ist, daß die Europatournee allein für Jennie gilt, doch die verzichtet. Und so steigen alle wieder in den Bus und fahren zurück. Die Trauer über den Abschied, verlorene Liebe und verpaßte Chancen weicht bald einer gemeinsamen Fröhlichkeit. Mit einem Lachen endet der Film, die anfängliche Freundschaft ist wiederhergestellt und besiegelt.

Satisfaction unterscheidet sich von anderen Teenie-Komödien nur in einer Hinsicht. Er ist weniger spekulativ und obszön, versucht darüber hinaus, seinen Figuren einen Charakter, eine Geschichte zu geben. Doch er läßt kein Klischee, kein Thema dieses sehr amerikanischen Genres aus. Eifersüchteleien, erste

Liebe, viel Musik, ein bißchen Komik, ein wenig Tränen, Sentimentalität, und nach Möglichkeit wird keines der erwähnten Probleme vertieft, ein Film der Nichtigkeiten, der nichts von der aggressiven Weltsicht des Rolling-Stones-Titels besitzt. Julia Roberts aber, noch ein wenig pummelig, wurde schon hier – ohne daß ihr dies vielleicht bewußt war – auf einen bestimmten Rollentypus festgelegt, der ihr schauspielerisches Können wenig fordert, vielmehr von ihr verlangt, ihre eigene Persönlichkeit in eine Rolle einzubringen. Ihr selbst hat der Film wohl gar nicht gefallen. »Da sah ich mich zum erstenmal auf der Leinwand, und es war einfach furchtbar. Zusammen mit meinem Bruder habe ich mir den Film ein zweites Mal angesehen ... Eric

Die Pizzeria als Schauplatz der Träume. Annabeth Gish, Lili Taylor und Julia in ›Mystic Pizza‹ (Pizza, Pizza – Ein Stück vom Himmel)

nahm mich dann auf einen langen Spaziergang mit, und er meinte so ungefähr: ›Na ja, es war eben nicht super.‹ Da habe ich zum erstenmal erkannt, daß es keine konstruktive Kritik gibt.« (Heinzlmeier) Wie furchtbar der Film auch immer ist, ihr Mitwirken hatte Folgen. So verliebt sie sich zum erstenmal in einen ihrer Partner. Eine Zeitlang lebt die Zwanzigjährige mit dem doppelt so alten Liam Neeson in Venice zusammen.
Im gleichen Jahr dreht sie dann einen weiteren Film, für das Kabelfernsehen. In *Baja Oklahoma* ist sie die wilde Tochter von Lesley Ann Warren. Der mit zahlreichen hochkarätigen Schauspielern besetzte Film spielt im Musikermilieu und erzählt die Geschichte einer texanischen Barfrau, die von einer Karriere als Country-Sängerin träumt. Deshalb auch die Auftritte einiger Stars der Szene, allen voran Willie Nelson. Julia Roberts hatte nur wenige, nicht sonderlich eindrucksvolle Auftritte.

Wahr gewordene Mädchenträume

Noch im gleichen Jahr drehte sie einen weiteren Film, der die Probleme heranwachsender Mädchen schilderte. *Mystic Pizza,* mit dem Donald Petrie, der Sohn des Regisseur Daniel Petrie *(The Bronx),* debütierte. Zentraler Schauplatz der Geschichte ist eine Pizzeria in dem malerischen Ostküstenort Mystic in Connecticut. Wie *Satisfaction* war es der Film mehrerer Darstellerinnen, ein Ensemblestück, doch mit einer eindeutigen Gewinnerin des unausgesprochenen Wettbewerbs. »Sie verbreitet auf der Leinwand eine wunderbare Spontaneität, die sie zu einer strahlenden Erscheinung werden läßt«, äußerte sich Donald Petrie, vermutlich selbst überrascht von seiner »Entdeckung«. »Manche Schauspieler haben das in ihren Augen. Aber Julia hat es in den Augen und überall. Sie ist jener Typ von Schauspielerin, mit dem du am liebsten ohne vorherige Proben drehst, denn sie spielt so unberechenbar und verrückt, daß du nie weißt, was dabei herauskommt.« (Heinzlmeier)

Erotische Blicke beim Billardspiel

Mystic Pizza ist einer jener Filme, deren Budget gering gehalten wird, weil es eine Bewährungsprobe für den Regisseur sein soll und jeder zufrieden ist, wenn die Herstellungskosten wieder eingespielt werden. Es ist einer jener mittelmäßigen Filme, deren Kinoauswertung nur kurz geschieht und deren kommerziell größere Erfolge durch den Videovertrieb oder Fernsehverkäufe erzielt werden. Und es ist einer jener Filme, in denen Produzenten und Studios junge Talente testen, um herauszufinden, wie die Publikumsresonanz ist. Noch hing der Himmel voller Dollars für Hollywood, doch einen Star brauchte schon 1987/88 jeder. Keiner aber rechnete damit, ihn in dieser harmlosen, doch subtilen Komödie vor sich zu haben.

Daisy (Roberts), ihre jüngere Schwester Kat (Annabeth Gish) und die lebenslustige, liebestolle Jojo (Lili Taylor) sind Freundinnen und arbeiten zusammen in der Pizzeria von Leona, wie die drei portugiesischer Abstammung. Jojo steht gerade mit ihrem Freund Bill (Vincent Phillip D'Onofrio) vor dem Traualtar, als die Perspektive, Frau eines Fischers zu werden und vielleicht selbst Hand anlegen zu müssen, sie so sehr schreckt, daß sie, statt ihr Jawort zu geben, in Ohnmacht fällt. Damit ist die Hochzeit erst einmal geplatzt. Daisy und Kat kichern, die Eltern des Beinahe-Ehepaares haben Tränen in den Augen. Später dann, in der »Mystic Pizza«, erzählt Jojo von ihren Gefühlen. Bill ist derweil das Gespött von ganz Mystic. Immer noch aber lieben sich die beiden, und Jojo wird ganz schwach, wenn sie an die sexuelle Potenz ihres Freundes denkt. Kat, die jüngste der drei, hat ganz andere Probleme. Sie jobt in Leonas Pizzeria, um ihr Studium in Yale zu finanzieren. Deshalb ist sie froh, eine zusätzliche Arbeit als Babysitterin bei dem Architekten Tim Travers (William R. Moses) zu bekommen. Daisy dagegen, mit ihren langen Beinen und ihrem äußerst engen Minirock, die die Blicke vor allem der männlichen Kundschaft auf sich ziehen, hat neben einer aufregenden Figur vor allem ein flottes Mundwerk, ist frech und manchmal auch vulgär.

Ein rotes Porsche-Cabrio weckt ihr Interesse. Mehr noch aber dessen Fahrer, den sie abends in einer Kneipe, in die sie mit ihren Freunden gekommen ist, kennenlernt. Charles Winsor jr. (Adam Storke) taucht mit einer Blondine im Schlepptau und einem anderen Pärchen im lokalen Treffpunkt auf und fordert einen der Fischer zu einer Wette heraus. Drei Pfeile will er ins Zentrum einer Dartscheibe werfen und dazwischen immer einen Tequila trinken. Zweimal gelingt es dem Snob, vor dem dritten Wurf treffen seine Augen den neugierigen Blick Daisys und ihr leichtes Lächeln, das unverhohlen erotisches Interesse bekundet. Prompt wirft Charles daneben und verliert fünfzig Dollar. Er fordert sie zum Billardspiel auf. Wie alle herumstehenden Kneipenbesucher und Charles selbst, muß auch der Zuschauer angetan sein von Julia Roberts' Billardspiel, das man sich erotischer kaum vorstellen kann. Die Art und Weise, wie sie den Queue in die Hand nimmt und damit stößt, wie sie sich über den Tisch beugt, dabei Charles mit einem tiefen Blick bedenkt, dessen aufforderndes Wesen eindeutig ist, wie sie burschikos-triumphierend die Kugeln in den Löchern versenkt, all das macht Julia Roberts zu einer Sex-Sirene, die weniger Vamp ist als natürlich wirkt. Mag ihre Sprache dabei deftig sein, ordinär wirkt sie zu keiner Zeit. Selten sah man es deutlicher beim Billardspiel funken als hier.

Ihre Schwester Kat verliebt sich unterdessen in Tim Travers, dessen Frau für eine Zeit nach England gefahren ist und dessen Tochter die sanfte Kat ins Herz geschlossen hat. Daisy, in Liebesdingen offenbar erfahren, warnt ihre Schwester vor allzu großen Illusionen. Doch auch sie selbst hegt welche. Sie ist eifersüchtig auf Jojo und Bill, die zwar nicht verheiratet, aber immer noch verliebt sind und jede Gelegenheit nutzen, einander an die Wäsche zu gehen. Eines Tages jedoch steht Charles in ihrer Wohnung und entführt sie in seinem Porsche, zum Mißfallen von Daisys Mutter, einer einfachen Witwe, die in der Fischfabrik arbeitet und der der soziale Unterschied nicht geheuer ist. Auf ihrer Fahrt durch die Gegend haben sie eine Reifenpanne. Einen Ersatzreifen gibt es nicht, und so versuchen sie, als Anhalter mitgenommen zu werden. Petrie inszeniert dies als Zitat aus Frank Capras *It Happened One Night* (1934; Es geschah in einer Nacht), in dem Claudette Colbert Clark Gable zeigt, wie man mit einem vorgestreckten Bein einen Fahrer zum Halten bringt. Obwohl Julias Beine die eindeutig längeren sind, funktioniert bei ihr diese Methode nicht. Erst als Charles die Hosen runterläßt, hält ein Wagen. Bei einem romantischen Dinner erzählt Charles von sich. In den Augen seines Vaters sei er ein Versager. Ein erster, sanfter Kuß aber besiegt Daisys aufkommende Zweifel über Charles' Charakter.

In der »Mystic Pizza« laufen derweil die Geschäfte schlecht. Ein populärer Fernseh-Gastrokritiker soll nach Meinung der Mädchen Abhilfe bringen. Sie planen, den Feinschmecker in

Gelungene Verführung, jugendfrei. Mit Adam Storke

das Lokal zu holen. Kat hat sich jetzt richtig in Tim verliebt und gerät regelmäßig aus der Fassung, wenn dieser sie anspricht. Eines Abends beobachtet sie voller Sehnsucht, wie Charles und Daisy sich vor dem Haus küssen. Daisy, selbst frisch verliebt, macht sich über die romantischen Gefühle ihrer kleinen Schwester lustig. In ihrer direkten Art schenkt sie Kat ein Kondom und biegt sich vor Lachen. Später läßt sich Daisy von Charles in das Ferienhaus seiner Eltern einladen, wo sie zum »Angriff« übergeht. Während Charles noch auf eine Antwort wartet, gibt Daisy sie ihm auf ihre Weise. Sie ist ins obere Stockwerk verschwunden und fordert Charles auf, ihrer Spur zu folgen. Die besteht aus abgelegten Kleidungsteilen: den Stöckelschuhen, dem Rock und der Unterwäsche. Im Schlafzimmer seiner Eltern aber erwartet sie ihn nicht völlig nackt, sondern in einem Hemd seines Vaters. Die beiden sinken ins elterliche Ehebett. Später, als sie eng aneinandergekuschelt liegen und auf Daisys Gesicht sich Zufriedenheit über ihre erste Liebe spiegelt, gesteht ihr Charles, wegen einer Fälschung bei den Prüfungen von der Uni geflogen zu sein. Daisy ist wütend, weil Charles ihr etwas verschwiegen hat.

Derweil kommen sich auch Kat und Tim immer näher. Und auch Jojo und Bill können nicht voneinander lassen. Sie treiben es unter der erleuchteten Madonna in Jojos Elternhaus, deren

Im fremden Milieu

Eltern nach einem Krach zwischen den beiden über die geplatzte Hochzeit plötzlich auftauchen. Charles hat Daisy gesagt, daß er zu seiner Großmutter fahre. Als sich die Mädchen, schon ein wenig angetrunken, amüsieren wollen, Bills mit Fischen beladenen Kleinlaster stehlen und zum Countryclub fahren, um dort die reichen Urlauber durchs Fenster zu bestaunen, entdeckt Daisy Charles mit einer Blondine. Wutentbrannt und enttäuscht wartet sie darauf, daß er herauskommt, und schüttet die Fische in sein Cabrio. Da stellt sich heraus, daß es sich bei der Blondine um Charles' Schwester handelt und er selbst früher als vorgesehen zurückgekommen ist. Die Versöhnung erfolgt unmittelbar. Szenen wie diese, in denen Julia Roberts die enttäuschte Liebende spielt, lassen den Grund erahnen, weshalb sie zum Star wurde. Wie keine andere Darstellerin ihrer Generation versteht es Julia, ihre Rollenfiguren mit natürlicher Ungezwungenheit auszustatten und dabei sowohl die Erfahrungen ihrer Zuschauerinnen wie auch deren Träume zu verkörpern. Sie zwingt förmlich zum Mitgefühl und Verständnis, sie macht jedem Zuschauer die Identifikation leicht. Dabei erscheint sie selten als Schauspielerin, sondern vermittelt das Gefühl, sie selbst auf der Leinwand zu sein.

Der Versöhnung zwischen Daisy und Charles folgen nun zahlreiche Probleme für die Mädchen. Bill verweigert sich dem Sex mit Jojo, sagt, daß er keinen Wert mehr darauf lege. Kat verbringt die Nacht mit Tim, weshalb Daisy für sie in der Pizzeria arbeiten muß und nicht zu Charles' Eltern kann, die sie kennenlernen wollen. Als Kat dann kommt, wirft ihr die wütende Daisy ihre Naivität vor, sich mit einem verheirateten Mann einzulassen, während Kat ihre Schwester als Flittchen bezeichnet. Daisy knallt ihr eine und redet kein Wort mehr mit ihr. Sie versöhnen sich erst wieder, als Kat nach einem Rendezvous mit Tim in dessen Haus kommt und dort die zurückgekehrte Ehefrau trifft. Eiskalt läßt Tim sie stehen. Völlig zerstört kehrt Kat nach Hause zurück und weint hemmungslos. Daisy, die sich erst mit ihrer Schwester streiten will, nimmt sie schließlich in die

Arme und tröstet sie. Ansonsten geht das Leben seinen gewohnten Gang. Eines Tages sitzt der Restaurantkritiker des Fernsehens tatsächlich in der »Mystic Pizza«, was auch Kat aus ihrer Teilnahmslosigkeit erlöst, in die sie nach ihrer Affäre mit Tim gefallen war. Alle freuen sich, als der Mann die genossene Pizza über die Maßen lobt. Für Daisy entsteht eine Reihe von Problemen. Sie streitet sich mit ihrer Mutter, die sich Sorgen über die Ziellosigkeit ihrer Tochter macht, mit der diese dahintreibt und von einem Märchenprinzen träumt. Während des Abendessens bei Charles' Eltern indes gehen ihr, die so abgeklärt schien und doch an Wunder glaubt, die Augen auf. Sie muß die Überheblichkeit miterleben, mit der Charles' Familie eine portugiesische Aushilfe, die Daisy kennt, behandelt. Sie ist wütend, daß Charles sie benutzt, um einen Streit mit seinem Vater vom Zaun zu brechen, und gibt ihm den Laufpaß. Jetzt sind alle drei Freundinnen wieder ohne Männer, getröstet von der verständnisvollen, mütterlichen Leona, die die drei Mädchen als ihre Kinder betrachtet, ihnen aber dennoch nicht das geheime Rezept ihrer Pizza verrät.

Endlich heiraten Jojo und Bill. Die Hochzeitsfeier findet natürlich in der »Mystic Pizza« statt und birgt für Kat eine Überraschung. Leona gibt ihr das Geld für das Yale-Studium. Auch Daisy wird überrascht – durch das Auftauchen des kleinlaut gewordenen, verschämten Charles, der sich bei ihr entschuldigt. Zunächst hat es den Anschein, als wolle Daisy nichts mehr von ihm wissen, doch dann wirft sie noch mal einen Blick auf Charles und kommandiert ihn ab zum Eisverteilen. Ein Happy-End scheint möglich, doch der Film legt sich nicht fest. Am Ende treffen sich die drei Mädchen wieder vor der Pizzeria. Die Probleme sind gelöst, das Leben geht weiter und hat sich für jede von ihnen geändert. Wie es weitergeht, das sollen die Zuschauer in einer geplanten Fortsetzung erfahren. Julia Roberts wird, so scheint es, darin allerdings nicht mitwirken.

Die Kritik nahm Petries Film überwiegend freundlich auf. Für Julia Roberts wurde der Film zum persönlichen Erfolg, obgleich ihre Rolle den anderen gleichwertig ist. »Daisy, gespielt von Julia Roberts, einer lebhaften und schönen jungen Schauspielerin, die ihrem Bruder Eric mehr vom Aussehen als vom Temperament her ähnelt, ist in der Tat die ›Bombe‹ in der Stadt. Sie muß nicht sehr hart arbeiten, um die Aufmerksamkeit aller zu erregen, die sie trifft, und im Verlauf der Geschichte reizt sie das Auge des reichen, mißratenen Charlie (Adam Storke) ... Mr. Storke kann mit der szenestehlenden Miß Roberts mithalten, was tatsächlich sehr schwer gewesen sein muß.« (Janet Maslin) Tatsächlich nutzte Julia Roberts ihre Rolle der Provinzschönheit und Pizzabedienung dazu, ihren Sex-Appeal vorzuführen und mit ihrer aufregenden Natürlichkeit zu verbinden. Der Sex-Appeal, wie er etwa in jener Szene zum Tragen kommt, in der Daisy ihrer Schwester ein sündhaft teures Kleid mit tiefem Ausschnitt vorführt, das sie bei der Einladung in Charles' Elternhaus tragen will, wird durch die von ihr mit einem Schulterzucken schnippisch vorgetragene Bemerkung, das Kleid nach einmaligem Gebrauch zurückzugeben, ins Ironische gekehrt und dabei auf ein erfrischendes Maß von Selbstverständlichkeit reduziert. Julia Roberts, das zeigt eine solche Szene, mag zwar aufregend sexy sein, doch sie eignet sich nicht als Spekulationsobjekt. Sie mag naiv wirken in ihren Charakteren, die meist Opfer, vor allem der eigenen Launen und Wünsche, sind, doch sie demonstriert in ihnen einen gesunden Menschenverstand, der nichts mit Intellekt, aber viel mit Gefühl zu tun hat. Die unverbrauchte Natürlichkeit, mit der sich Julia Roberts ihrer Rolle entledigte, ebenso wie ihre beiden Kolleginnen Annabeth Gish und Lili Taylor, deren Karrieren allerdings ein erheblich weniger stürmischen Verlauf nahmen, fügt sich nahtlos ein in eine Inszenierung, die subtil und bemüht, Klischees zu vermeiden, eine kurze Periode der Transition im Leben dreier Mädchen schildert. Im Unterschied zu vielen anderen Teenie-Komödien, die meist sehr schematisch vor allem Pubertätsphantasien ausbreiten und mit einem nackten Busen die Aufmerksamkeit verklemmter, in Prüderie auf-

Happy-End mit Fortsetzung?

gezogener amerikanischer Teenager auf sich ziehen wollen, bemühte sich Petrie um Verständnis für die Figuren seines Films, die er zu keiner Zeit bloßstellte oder ausnutzte. Sein Film nimmt den Standpunkt seiner weiblichen Figuren ein, und allein das macht ihn zur Ausnahme.

Der mit geringem Aufwand hergestellte Film wurde ein Überraschungserfolg und spielte ein Vielfaches seiner Kosten wieder ein. Für Julia Roberts, zwar Teil eines Ensembles, war es der erste Schritt in einer kometenhaften Karriere. Sie, über die ein Journalist schrieb, sie durchkreuze »die Geschlechter mit ihrem großen Lächeln, ihrem starken Kinn, ihren festen Wangenknochen. Aber diese Spur von Jungenhaftigkeit funktioniert: mit Augen, die oft verschleiert sind, aber trotzdem leuchten und eine Mischung von Wissen und Unschuld vermitteln« (Fred Schruers), war sie über Nacht bekannt geworden, aber noch lange kein Star, der die Massen fasziniert und ins Kino bringt. »Mehr als alles war es die Chance und das Timing, die mir die erste Gelegenheit boten, zu zeigen, was ich machen konnte«, zeigte sie sich später dankbar (Christine Haas). Einige Leute in der Branche entwickelten auf sie bezogen einen richtigen Riecher. Hollywood wußte noch nicht, wie sehr es kurze Zeit später auf einen Star des Kalibers Julia Roberts angewiesen sein würde. Denn noch liefen die Geschäfte glänzend. Auch für den Produzenten Ray Stark, der mit seiner Firma Rastar ein kleines, geschwätziges Theaterstück des Debütanten Robert Harling verfilmen wollte und der mit seinem Regisseur Herbert Ross dazu eine ungewöhnliche Star-Besetzung zusammenbrachte, in der Julia Roberts das unbekannte Sahnehäubchen auf einer zuckrigen Mischung sein sollte.

Mit Tränen zum Erfolg

1985 starb in Natchitoches, einem kleinen idyllischen, aber sterbenslangweiligen Ort in Louisiana, eine gewisse Susan Harling nach der Geburt ihres ersten Kindes. Susan Harling litt an Diabetes und hatte von ihrer Mutter Margaret eine Niere gespendet bekommen. Robert Harling, der Autor, war ihr Bruder. Im Mittelpunkt seines erfolgreich an New Yorker Off-Broadway-Bühnen aufgeführten Stückes »Steel Magnolias« steht die Beziehung zwischen Mutter und Tochter, deren ebenso trauriger wie bewegender Kern die Tatsache ist, daß eine Mutter versucht, ihrem kranken Kind durch einen Teil ihrer selbst zu

Unbekannte Größe im Kreis der Großen. Shirley MacLaine, Olympia Dukakis, Julia Roberts (untere Reihe von links nach rechts), Dolly Parton, Sally Field und Daryl Hannah (obere Reihe von links nach rechts)

einem erneuten Leben zu verhelfen, indem sie ihm eine Niere spendet. Bewegend auch, daß dieser selbstlose Akt ein frohes, wenn auch so wohl nicht beabsichtigtes Ergebnis hatte. Die Tochter Susan stirbt, aber ihr Kind lebt. Robert Harling verarbeitete diese Tragödie zu einem sentimentalen Komödienstoff mit Szenen, die eindeutig auf die Tränendrüsen der Zuschauer drücken. »Die einen ergreifen das Taschentuch«, schrieb der »Kölner Stadtanzeiger«, »die anderen die Flucht.« In der Tat gab es selten einen Film, der seine Zuschauer allein dadurch spaltete, daß er Emotionen so gnadenlos in gigantischen Kitsch wandelte. Jede Einstellung dieses Films ist durchdrungen von pinkfarbener Gefühlsduselei und einer Einrichtung, die in Puppenstuben, nicht aber in der Wirklichkeit vorkommt. Getragen aber wird der Film von seinen Darstellerinnen, deren Auflistung und Reihenfolge harter Verhandlungen bedurfte: Sally Field, Dolly Parton, Shirley MacLaine, Daryl Hannah, Olympia Dukakis und als Nesthäkchen Julia Roberts. Harte Verhandlungen deshalb, weil die Reihenfolge die Gagenhöhe und damit den Marktwert bestimmt. Die unbekannte Julia Roberts steht hier noch an letzter Stelle.

In anekdotischer Form erzählt der Film vom Schicksal der Frauen, ihren Stärken, Festen und Freundschaften. Männer kommen nur am Rande vor. *Steel Magnolias* beginnt mit den Vorbereitungen zu Shelbys (Julia Roberts) Hochzeit. Die ganze Stadt ist in Aufregung. Vor allem wohl wegen Shelbys Vater (Tom Skerritt), der ständig mit einem Luftgewehr ballert, um einen Vogelschwarm zu vertreiben. Shelby dagegen beklagt sich bei ihrer Mutter M'Lynn (Sally Field) darüber, daß die Farbe ihres Nagellacks nicht zum Rosa ihres Hochzeitskleides paßt. M'Lynn ärgert sich derweil über ihre herumtollenden Söhne und zerbrochenen Champagnergläser. Später werden sie alle in Truvys (Dolly Parton, blondperückt und üppig) Schönheitssalon sein, Klatsch- und Nachrichtenbörse und der Ort, an dem private Sorgen besprochen werden können. Dort lernen sie Truvys neue Angestellte, die verklemmte Annelle (Daryl Hannah, die zuerst die Rolle der Shelby spielen sollte), kennen. »So etwas wie natürliche Schönheit gibt es nicht«, ist Truvys Leitspruch, passend zu Dolly Parton, deren Markenzeichen ihre aufgedonnerte Künstlichkeit ist.

Andere Teilnehmer der Talkrunde unter der Trockenhaube sind die schrullige Ouiser Boudreaux (Shirley MacLaine) und die ironische Clairee Beicher (Olympia Dukakis), beides reiche Witwen. Kurz vor der Hochzeit und einer letzten Vorbereitung in Truvys Salon erhält Shelby noch einmal Besuch von ihrem zukünftigen Mann Jackson (Dylan McDermott, mit dem Julia Roberts eine Zeitlang zusammen war – ein Hinweis mehr auf ihre emotionale Verstrickung in Film und Rolle), dem sie versichert, ihn wirklich heiraten zu wollen. Später im Schönheitssalon erzählt Shelby, die Krankenschwester ist, daß sie ein langes Eheleben mit vielen Kindern und Enkeln führen wolle und daß Pink ihre Lieblingsfarbe sei. Dem Regisseur Herbert Ross gibt dies Gelegenheit, den gesamten Film rosa auszustatten.

Julia mit der mütterlichen Freundin Sally Field in ›Steel Magnolias‹ (Magnolien aus Stahl – Die Stärke der Frauen)

Mutter M'Lynn, die um die Krankheit ihrer Tochter weiß, gerät über Shelbys einfache Träume immer wieder in Streit mit ihr. Und während Truvy sich mit verklärtem Blick über Romantik ausläßt, wird der Grund für M'Lynns Skepsis deutlich. Denn plötzlich gerät Shelby in einen Angstzustand, beginnt, zu zittern, zu weinen, und kann nur von ihrer Mutter beruhigt werden. Shelby ist Diabetikerin und hat gerade einen Zuckerschock erlitten. Ihr Kinderwunsch ist illusorisch, das weiß Shelby und ist deshalb verzweifelt, auch wenn ihr Zukünftiger einverstanden ist, Kinder zu adoptieren. Das wahre Mutterglück ist dies nicht. Julia Roberts erweist sich in dieser Szene als eine durchaus markante Schauspielerin, die ohne Training in der Lage ist, extreme Gefühlszustände überzeugend auszudrücken. »Learnin' by doing« ist ihre Devise. »Ich war niemals in einer Schauspielschule, aber ich habe eine Menge dadurch gelernt, daß ich dauernd aufmerksam am Drehort war. Ich folge sehr aufmerksam den Ratschlägen des Regisseurs und der Arbeit von Schauspielern und Technikern um mich herum. Aber ich denke, daß eine Figur nur richtig klingt, wenn ich mich bei der Interpretation, die ich gebe, wohl fühle. Es gibt natürlich einige Arten, die richtig für eine Rolle sind, aber sie sind nicht alle für mich.« (Christine Haas) Wieder erholt, lädt Shelby die schockierte, unscheinbare Annelle zu ihrer Hochzeit ein. Endlich ist es soweit.

Von ihrem Vater wird Shelby zum Altar geführt. Eine kitschigere Ausstattung als in dieser Szene ist schwer vorstellbar. Die ganze Kirche ist in Pink dekoriert, mit schier erdrückenden Blumenarrangements. Die Floristin Jeanne Guillory, die am Drehort Natchitoches die Blumen zu besorgen hatte, erinnerte sich an die Originalhochzeit und was daraus im Film wurde. »Sie gaben mir drei Tage, um 600 Rosen zu finden. Bei Susan Harlings echter Hochzeit gab es drei Farne, zwei Blumensträuße und ein paar Brautjungfern. Diese hier war wie in der St.-Patrick's-Kathedrale, und für den anschließenden Empfang wurden riesige Bouquets verlangt, die fünf Tage lang täglich

Kitschiger Hochzeitstraum – Zuckerguß in Rosarot

erneuert werden mußten, weil sie alle in der Hitze verwelkten.« (Rex Reed) Auf dem anschließenden Empfang – der Hochzeitskuchen hat die Form eines Gürteltiers! – bezaubert Julia Roberts durch ihre strahlende Schönheit. Das Glück spricht ihr aus dem Gesicht, es ist eine Rolle, mit der sie sich offenbar identifizieren kann. Und wenn sie das kann, tut es das Publikum mit ihr. Julia Roberts – das ist in diesem Film die Ikone des kleinbürgerlichen Traums vom bürgerlichen Glück, ein typischer Traum der weißen amerikanischen Mittelklasse. Einfach, aber auch ehrlich. Es ist ein Ziel, das Julia Roberts auch privat ver-

folgt. »Ich habe Ziele, wirklich einfache Dinge, die schwer zu erreichen sind. Ich möchte eine Familie, Kinder aufziehen, verliebt sein – all das kommt vor der Arbeit. Meine wichtigsten Ziele sind, möglichst viel weiterzuarbeiten.« (Robert Palmer)
In einem pinkfarbenen Kostüm fährt Shelby in die Flitterwochen. Es ist schon Weihnachtszeit, als sie in ihr Elternhaus zurückkehrt. Annelle hat sich verändert. Nicht nur die Frisur, auch sonst. Sie ist verliebt, wird heiraten und hat sich der Religion zugewandt. Truvy hat Probleme mit ihrem glücklosen Ehemann Spud (Sam Shepard). Als M'Lynn und Shelby sich Gedanken über die Weihnachtsgeschenke machen, platzt Shelby mit der frohen Nachricht heraus: Sie sei schwanger, entgegen den Prophezeiungen und Ratschlägen der Ärzte. M'Lynn ist entsetzt und enttäuscht, weiß sie doch um die Gefahr für das Leben ihrer einzigen Tochter. Shelby aber beharrt auf ihrer Entscheidung, sie will das Kind gebären, selbst um den Preis ihrer eigenen Krankheit. »Ich möchte lieber dreißig Minuten etwas Wundervolles erleben, als ein Leben lang nichts Besonderes«, sagt sie fast flehentlich zu ihrer verärgerten Mutter. Doch der Ärger hält nicht lange an in dieser pinkfarbenen, zuckersüßen Kleinstadt-Chronik, der die sentimentale Musik von Georges Delerue die Spitze aufsetzt. Wären da nicht immer wieder die Auftritte Shirley MacLaines als verschrobene Witwe, der Shelby später einen alten Jugendfreund zuführt, und Olympia Dukakis' trockene Kommentare, *Steel Magnolias* wäre vermutlich erheblich ungenießbarer.
Beim Weihnachtsfest gibt Shelbys Vater die Schwangerschaft bekannt. Während sich alle Frauen mit Rufen des Entzückens auf die erwartungsvolle Mutter werfen, weiß Ouiser um die Wahrheit und steht der stummen M'Lynn zur Seite. Ein Jahr darauf. Die Geburt verlief reibungslos, Mutter und Kind sind gesund. Noch hat sich wenig geändert im Ort, nur daß Shelby jetzt nicht mehr M'Lynns Tochter ist, sondern vollberechtigtes Mitglied in der Klatschrunde in Truvys Schönheitssalon. Aber gewaltige Änderungen kündigen sich an. Shelby läßt sich ihr

prächtiges Haar abschneiden, was, als dies Julia Roberts nach ihrer geplatzten Hochzeit mit dem Schauspieler Kiefer Sutherland auch tat, zu einem Aufschrei in der Presse führte und Schlagzeilen auf der Titelseite wert war. Bei der anschließenden Maniküre kommt dann eine noch schockierendere Wahrheit ans Licht. Seit der Geburt muß Shelby zur Dialyse, jetzt sind ihre Nieren zerstört. Schon morgen geht sie ins Krankenhaus, um dort eine neue Niere transplantiert zu bekommen, eine ihrer Mutter. Die Operation verläuft erfolgreich. Doch dann bricht Shelby eines Tages zusammen. Sie liegt im Koma und wird nicht wieder aufwachen. Vergeblich wartet M'Lynn Tag und Nacht darauf, daß ihre bewegungslos daliegende Tochter noch einmal das Bewußtsein erreicht. Von klagenden Geigen unterlegt, werden die lebenserhaltenden Maschinen abgestellt, und Julia Roberts erspart dies, das Sterben spielen zu müssen. Sie, die neben Shirley MacLaine und Olympia Dukakis für Leben in diesem künstlichen Kleinstadt-Panorama sorgte, ist aus dem Film verschwunden. Dieses stumme Daliegen scheint dennoch Eindruck gemacht zu haben. »Harling erinnert sich, daß Ross offensichtlich erschüttert war an dem Tag, als er die Szenen auf der Intensivstation drehte. Es war der Tag nach Ross' neunundzwanzigstem Hochzeitstag mit Nora Kaye, die 1987 gestorben war. Sally Field kam herein und sah Julia Roberts, die Susan spielt, an die lebensrettenden Maschinen angeschlossen, und sie weinte. Roberts, die beinahe einmal selbst an Gehirnhautentzündung gestorben wäre, weinte auch. Die Ärzte weinten. Die Schwestern weinten. Harling weinte.« (Rex Reed)
Bei Shelbys Beerdigung hat Sally Field endlich ihren großen Auftritt. Sie schreit ihr Leid hinaus und findet zurück zum Lachen. Das Leben aber geht erbarmungslos weiter. Es ist Osterzeit, ein Park am Flußufer ist die Spielwiese der Osterhasen. Just in diese friedliche Idylle im Gegenlicht platzen Annelles Wehen. Noch einmal Hektik, bevor sich die Kamera in die Lüfte aufschwingt und den Ort aus dem Blick verliert.

Für Julia Roberts war die Rolle der Shelby ein erster großer Triumph. Über Nacht rückte sie auf in die Reihe jener Stars, von denen sie bei den Dreharbeiten noch viel gelernt hatte. »Ich habe mit einigen richtig großartigen Schauspielern gearbeitet, und ich hörte ihnen dabei zu, wie sie über Struktur redeten. Meist aber schaute ich nur zu. Ich lernte so viel von diesen Frauen in *Steel Magnolias* – Sally Field, Shirley MacLaine, Olympia Dukakis, Daryl Hannah, Dolly Parton. Ich verdanke ihnen viel mehr, als ich jemals ausdrücken könnte. Einfach nur fünf großartige Frauen dabei zu beobachten, was sie nahezu perfekt machen. Und man lernt auch von anderen am Set, sicherlich von Regisseuren, aber auch von anderen.« (Robert Palmer) Ihre Lernzeit wurde belohnt, mit einem »Golden Globe« für die beste Nebenrolle. Wenn diesen Film etwas auszeichnet, dann sicherlich die Entdeckung von Julia Roberts. Ansonsten sind die Anekdoten von den Dreharbeiten in Natchitoches, wie der bissige Fernsehkritiker Rex Reed sie beschrieb, wesentlich interessanter als dieses geschwätzige Werk selbst. Etwa Herbert Ross' Einfall, den immergrünen Magnolien die Blätter abreißen zu lassen, um den Winter darzustellen. Oder seine Ausstattungsidee für die Schlußszenen am Flußufer im Park, in dem zahlreiche Blumen gleichzeitig blühen, die sonst nur zu völlig verschiedenen Jahreszeiten ihre Pracht zeigen. Vor allem aber sorgte der gewaltige Kaviarverbrauch für jene Art von Gesprächsstoff, wie er nicht unrichtig in Truvys Schönheitssalon zu finden ist. Eifersüchteleien unter den Stars wurden von Shirley MacLaine heftig dementiert. »Wir sind alle verliebt. Es gibt hier keinen Star-Trip. Keine Eifersucht. Kein Gefühl dafür, welche Rolle größer ist.« (Rex Reed) Auf jeden Fall zeigte der für die Dreharbeiten betriebene Aufwand – Ross' designierte Ehefrau Lee Radziwill etwa wurde mit einem eigens gecharterten Flugzeug an den entlegenen Drehort gebracht und ließ ihr Schlafzimmer im angemieteten Haus von den Ausstattern auf ihre Befindlichkeiten umbauen – einen Grund für die explosionsartigen Kostensteigerungen in der Filmproduk-

tion, wo häufig zuviel Geld für Nebensächlichkeiten verschleudert wird und zuwenig für den Film selbst.
Wie häufig bei Filmen, in denen sich die Stars gegenseitig fast auf die Füße treten, sind die scheinbaren Nebenrollen mit unbekannteren Darstellern die interessanteren Parts. Wie im Falle Julia Roberts, deren Äußerung, in der Gegend gäbe es reichlich »rednecks«, für Unruhe sorgte, die ja aber auch in einem ähnlichen Ort aufgewachsen war. Sie kannte die beschriebenen Verhältnisse aus eigener Anschauung. Der Süden der USA ist eben

Strahlendes Glück vor dem traurigen Ende

ein Hort für Traditionen, vor allem wenn sie einen Grad an Konservativismus erreichen, den man ohne Übertreibung als reaktionär bezeichnen darf. Ebenso kannte Julia Roberts die Frauen, denen Harling, der auch für das Drehbuch verantwortlich zeichnete, mit *Steel Magnolias* ein Denkmal setzte. »Ich kannte diese Art Frauen, aber ich wollte niemals wie sie sein. Es ist komisch, das Interessanteste, das mir gesagt wurde, als ich diese Rolle bekam, war: ›Du bist vielleicht nicht gut in diesem Film. Die Leute hassen dich vielleicht. Möglicherweise findest du keine Arbeit mehr. Aber nach dem Film, ob gut oder schlecht, wird nichts mehr einfach sein.‹« (Sherly Kornman) Das sollte es wirklich nicht. Sally Field wurde dabei zu Julia Roberts' mütterlicher Freundin in einer Mischung aus Bewunderung und Distanz. »In der Sekunde, wo ich sie kennengelernt habe, wollte ich meine Arme um sie legen, aber gleichzeitig bekam sie eine unheimliche Härte.« (Max, 6/91) Sie wurde zur Freundin, die sich in späteren Situationen als Auffangnetz bewähren sollte und auch als Produzentin Julia Roberts betreute. Denn die Karriere des schlaksigen Mädchens aus Smyrna, Georgia, würde explodieren. Der »Golden Globe« für die Darstellung der Shelby hatte es bereits angedeutet.

Eine Karriere, der Julia Roberts fast hilflos ausgeliefert scheint, vor allem bei ihrer Art, Rollen zu spielen. »Ein Freund von mir, der Schauspieler ist, drückte seine Beunruhigung aus, wenn ich frontal in eine Rolle hineinging. Eine Beunruhigung, daß ich zuviel von meinen Gefühlen investiere. Was vollständig verstanden werden mußte, weil ich erfüllt von dieser Rolle (in *Steel Magnolias*) war. Ich sagte: ›Also, du bist schon viel länger in diesem Geschäft als ich, vielleicht kannst du das sehen, erkennen. Ich betrachte das einfach nur als die Art und Weise, in der ich diese besondere Rolle in den Griff bekomme. Ich werde soweit wie möglich rausschwimmen, bis ich mich fühle, als ginge ich unter, und an diesem Punkt werde ich zurückschwimmen. Aber zuerst muß ich herausfinden, wo dieser Punkt ist.‹« (Robert Palmer) Möglicherweise ist ihr dies noch nicht gelungen. Denn

Mit Film-Ehemann Dylan McDermott hatte Julia eine kurze Affäre

untypisch für einen Star, bewies sie bislang keine allzu glückliche Hand bei der Auswahl ihrer Rollen. Ein wahrer Star, so äußerte sich einmal Robert De Niro, wisse vor allem, welche Rollen er übernehme und mit welchen Regisseuren er arbeiten wolle. Ein Star zu sein heißt auch, die eigene Karriere zu planen und zu steuern. Doch Julia Roberts ist ein untypischer Star, überrascht und überwältigt vom eigenen, so plötzlich auftretenden Erfolg und ohne Instrumentarium, damit umzugehen. Sally Field, erfahren im Umschiffen der zahlreichen Klippen des Showbusineß, konnte ihr als Produzentin eines Films wie *Dying Young* vielleicht dadurch unter die Arme greifen, daß sie Julia Roberts ihre bisherigen Rollen repetieren ließ, damit sie lernt, mit ihren emotionalen Kräften besser umzugehen. Angefangen hat dieser Prozeß mit einem scheinbar unbedeutenden Projekt mit dem Titel »3000«, aus dem dann später *Pretty Woman* wurde.

KAPITEL 2

Aschenputtel vom Hollywood Boulevard

Es ist die alte Geschichte von Aschenputtel und dem Prinzen. Nur spielt sie diesmal Anfang der neunziger Jahre, in einem Film namens *Pretty Woman*. Die ewig gleiche Geschichte vom unscheinbaren Mädchen, das von einem Prinzen zu sich geholt wird. Hier ist das Niveau nicht ganz so königlich, sondern »alltäglicher«: die Nutte und der Millionär. Geschichten wie diese, die einem einfachen Rezept folgen, machen das Mark und den Erfolg der Traumfabrik Hollywood aus. Hollywood, ruft am Ende von *Pretty Woman* ein Passant, ist der Ort, wo die Träume wahr werden. Deshalb muß Aschenputtel eine Schauspielerin sein, der man ihre Rolle und ihre Träume glaubt, deren Lächeln durch seine Unschuld bezaubert und in deren Blick keine Falschheit liegt. Sie darf kein Phantasiewesen sein, sondern muß den Zuschauer zur Identifikation einladen. Julia Roberts ist ein solches Wesen, die Schöpfung einer Industrie, »die von der Natur in einem Moment außergewöhnlich intensiver Konzentration hervorgebracht wurde ... Dazu gehört dieser zündende Funke, der uns an der Entwicklung des Menschlichen in seiner diabolischen Verstrickung mit universellem Magnetismus teilnehmen läßt. Das kann man in keinem Lyzeum für höhere Töchter lernen.« (Fred Schruers) Die Filmindustrie, durch kommerzielle Flops zutiefst verunsichert und schwer von der beginnenden Rezession in den USA betroffen, hatte plötzlich einen Hoffnungsschimmer in einer Zeit, als offenbar eine Sehnsucht nach Romantik sich neu entfaltete und die Philosophie des Yuppietums ersetzte.
Schon der Anfang von *Pretty Woman* stimmt ein auf das emotionale Mißverhältnis zwischen reichen Geschäftsmännern und ihren gefühlskalten Frauen. Da wird eine Party gegeben, auf der Luxus selbstverständlich ist. Geld steht im Mittelpunkt aller

Unschuld in schmutziger Welt. Mit Laura San Giacomo in ›Pretty Woman‹

Gespräche, der Status ist der wichtigste Lebensinhalt. Dennoch ist der Gastgeber, der reiche Unternehmer Edward Lewis (Richard Gere, über seine Partnerin: »Sie hat eine Haut, die Funken schlägt, wenn man sie nur mit den Fingerspitzen berührt.« Max, 6/91), graumeliert und elegant, gelangweilt von seinem inhaltsleeren Leben. Am Telefon hat ihm seine Freundin den Laufpaß gegeben, weil sie mehr mit seiner Sekretärin als mit ihm gesprochen habe. Das bestätigt ihm wenig später auch eine Verflossene, die Edwards Sekretärin als Trauzeugin für die eigene Hochzeit hatte. Ein Schimmer Nachdenklichkeit erscheint in Edwards Gesicht. Er borgt sich den teuren Sportflitzer seines Anwalts Philip Stuckey (Jason Alexander) und fährt ziellos durch Los Angeles, in dem er sich nicht auskennt. Währenddessen macht sich die Prostituierte Vivian (Roberts) ausgehfertig, zieht sich Stiefel, einen engen Rock und ein knappes Oberteil an und verläßt ihr Zimmer über die Feuertreppe, weil sie kein Geld mehr für die Miete besitzt. Ihr Arbeitsbereich ist der Strich am Hollywood Boulevard, wo die Nutten über die im Boden eingelassenen Sterne der Filmstars wandeln. Edward, der sich verfahren hat, nähert sich diesem Gebiet. In einer Kneipe findet Vivian ihre Zimmergenossin Kit (Laura San Giacomo), die das Geld für die Miete genommen hat und damit ihrem Zuhälter die Drinks bezahlt. Die beiden streiten sich, Vivian möchte raus aus diesem Leben, das sie gerade erst begonnen hat. Sie ist neu in diesem Geschäft, weshalb ihr die erfahrene Kit auch diesen Typ im Lotus Esprit überläßt, der ausgerechnet vor ihrem Revier zu stehen kommt und nicht mehr den ersten Gang findet. Außerdem sucht er den Weg nach Beverly Hills. Für zehn Dollar würde Vivian ihm helfen, doch Edward schüttelt ablehnend den Kopf. Als er dann aber ihre Figur sieht, ist er einverstanden. Vivian steigt zu ihm in den Wagen, bereit, für zwanzig Dollar sogar den Weg selbst zu zeigen. Nach einer Weile läßt Edward, der mit der Schaltung des Wagens nicht fertig wird, Vivian ans Steuer. Er ist erstaunt, als sie ihren Preis für eine Stunde nennt: hundert Dollar. Mit ein paar obszönen Bemerkungen versucht Vivian, die aus einem kleinen Ort in Georgia (!) stammt, Edward für sich zu interessieren. Vor seinem Hotel angekommen, scheint er sie stehenlassen zu wollen. Doch Edward zögert, scheint etwas abzuwägen, während Vivian auf einer Bank sitzend auf den Bus wartet, der sie zurückbringen soll. Dann lädt er sie ein, ihn ins Hotel zu begleiten. Sein Trench überdeckt ihre billige Kleidung, dennoch fällt sie auf. Vor dem Lift spielt sie einem arroganten, abschätzig blickenden Ehepaar eine Szene vor, die ihre langen Beine voll zur Geltung bringt. Sie konnte nicht anders, als diese Snobs zu provozieren, entschuldigt sie sich im Aufzug bei Edward. In seinem Penthouse beginnt dieser sofort zu arbeiten, während Vivian ungeduldig wird, wann es endlich zur Sache geht. Doch erst reicht ihr Edward Champagner mit Erdbeeren,

Ein Lachen, das die Welt verzaubert

Als Prostituierte mit Gefühl. Mit Richard Gere

dann macht er ihr den Vorschlag, die ganze Nacht zu bleiben. Für dreihundert Dollar ist Vivian einverstanden. Ihr scheint es ganz recht, daß Edward bekennt, ein Workaholic zu sein und diverse Transaktionen abschließen zu müssen, während sie sich bei alten Filmen im Fernsehen vergnügt. Schon vorher aber wird deutlich, was beide aneinander interessiert. Edward wird immer wieder aufs neue von ihrem Verhalten und ihrer natürlichen Unbekümmertheit überrascht, während sich Vivian vor ihm nicht fürchtet wie bei anderen Männern, sondern ihn eher bemitleidet. Später in der Nacht kommt es dann doch noch zur Sache. Schließlich versteht sich Vivian als Profi, und es ginge gegen ihre Berufsehre, wenn es ihr nicht gelänge, den Geschäftsmann zu verführen, der sie zuvor mit einem langen Blick bedacht hatte. Am folgenden Morgen ist Edward schon wieder bei der Arbeit und telefoniert mit seinem Anwalt Stuckey, der ihm von einem geplanten Treffen mit den Inhabern der kriselnden Firma Morse abrät. Erstaunt blickt Edward auf Vivian, die gerade aus dem Schlafzimmer kommt. Sie ist jetzt rothaarig, mit einer unzähmbaren, wuscheligen Haarmähne. Sie fragt ihn nach seiner Arbeit, und als Edward ihr erzählt, Firmen aufzukaufen und anschließend stückweise mit Gewinn wieder zu verkaufen, erkennt sie in ihrer direkten, einfachen Art den Wert seiner Tätigkeit. »Du produzierst nichts, du baust nichts«, sagt sie und vergleicht ihn mit einem Autodieb, der zuerst einen Wagen stiehlt und ihn dann in Einzelteilen verkauft. Bevor sie geht, möchte Vivian noch ein Bad nehmen. Beim Telefonat mit Stuckey, der ihm eine weibliche Begleitung für die bevorstehende Verabredung mit Morse empfiehlt, beobachtet Edward die singende Vivian. Er faßt einen folgenschweren Entschluß und schlägt ihr vor, die nächsten sechs Tage seine Begleiterin zu sein. Man einigt sich auf einen Preis: dreitausend Dollar. So sollte der Film ursprünglich heißen, als das Konzept noch ein anderes war. Zu dieser Zeit war das Projekt noch bei einem anderen Studio angesiedelt und Julia Roberts bereits für die Hauptrolle in der eher dramatischen Liebesgeschichte zwischen einer Prostituierten und einem Geschäftsmann besetzt. Der Film sollte sozialkritisch werden und kein Happy-End haben. Als die Disney-Tochter Buena Vista die Rechte am Stoff erwarb, veränderte sich das Buch vollkommen. Was zuvor tragisch und grau war, wich nun einer komödienhaften Leichtigkeit. Als Regisseur war Garry Marshall engagiert, der das Konzept völlig änderte. »Die Geschichte war charmant geworden, witzig und völlig anders«, erinnerte sich Julia Roberts. »Am Anfang erschien es mir schwer, sich die Figur anders vorzustellen als im Drehbuch zu ›3000‹. Dann traf ich Garry, den ich nett, freundlich, interessant fand, und wir haben uns sogleich verstanden.« (Christine Haas) Julia Roberts durfte die Rolle der Vivian behalten, überzeugend hatte sie dem Regisseur bewiesen, daß sie in der Lage war, eine nunmehr völlig anders charakterisierte Figur zu spielen, obgleich sie sich auf eine andere vorbereitet hatte.

Bevor er in sein Büro fährt, trägt ihr Edward auf, eine elegante Garderobe zu kaufen. Mit einem Bündel Dollars wandelt Vivian dann über den sündhaft teuren Rodeo Drive, doch die Verkäuferinnen in einer Boutique lassen sie deutlich merken, daß sie nicht in diese Welt gehört. Bei ihrer Rückkehr ins Hotel wird sie zudem noch von dem aufmerksamen Manager Bernie (Hector Elizondo) aufgehalten, der sofort erkannt hatte, was sie ist, der sie aber mit Respekt behandelt und ihr sogar hilft, das richtige Kleid zu finden, nachdem man sich auf eine offizielle Sprachregelung für ihre Anwesenheit im Hotel geeinigt hat. Sie ist nun Edward Lewis' Nichte. Bernie zeigt der dankbaren Vivian, die nun nichts mehr von einer Prostituierten an sich hat, wozu man welches Besteck in einem französischen Restaurant benutzt. In der Suite wird sie von Edward angerufen, der ihr sagt, sie solle nicht ans Telefon gehen. Bei einem zweiten Anruf antwortet Vivian schlagfertig, er solle halt einfach nicht mehr anrufen.

Am Abend hat sich Edward mit Vivian in der Hotelbar verabredet. Zuerst erkennt er sie nicht, doch dann entdeckt er, daß die aufregende Schönheit in dem schwarzen Cocktailkleid Vivian ist, deren natürliche Schönheit sich mit weiblicher Eleganz zu einer neuen Persönlichkeit verbunden hat.

Das Essen verläuft ungewöhnlich. Vivians Unsicherheit im Umgang mit dem Besteck oder den aufgetischten Schnecken wird von dem freundlichen alten James Morse (Ralph Bellamy) amüsiert kommentiert. Auch er kann mit der steifen Vornehmheit gastronomischer Etikette nichts anfangen. Ebensowenig mit Edwards Haltung, der ihm deutlich seine Absichten zeigt, den Morse-Konzern aufzukaufen und zu zerstückeln. Wütend und kampfbereit verlassen Morse und sein Enkel David (Alex Hyde-White) das Lokal. Später, in der Nacht, unterhalten sich Vivian und Edward. Sie hat erkannt, daß beide nicht sehr unterschiedlich sind. Denn beide dürfen bei ihren Geschäften keine Gefühle entwickeln. Doch schon längst hat zwischen den beiden die Aufweichung dieser Regel begonnen, wenngleich Edward noch einmal zynisch ihre Gemeinsamkeiten resümiert: »Wir beide legen die Menschen für Geld aufs Kreuz.« Als Vivi-

Wer kann da noch widerstehen?

an ihm vorschlägt, gemeinsam Fernsehen zu gucken und sich auf dem Sofa zu lümmeln, verläßt Edward das Zimmer und geht in die Bar. Dort findet ihn Vivian einige Stunden später, wie er elegische Melodien am Klavier spielt. Als er aufhört, lieben sich beide auf dem Flügel.

Transformation der Schönheit

Am nächsten Morgen fragt Edward Vivian, warum sie sich nur ein Kleid gekauft habe. Weil die Leute so böse zu ihr waren, antwortet ihm Vivian in fast kindlicher Unschuld. Edward

ergreift die Initiative und geht mit ihr in eine Edelboutique. Er will ein Vermögen loswerden (kein Wunder bei Cerruti 1881) und erwartet entsprechenden Service. Roy Orbisons »Pretty Woman«, das dem Film seinen Titel gab, ist erstmals zu hören – in einer Szene, in der sich das einfache, hübsche Mädchen mit den billigen Klamotten zu einer Pretty Woman wandelt. Der Zuschauer erlebt, wie aus einem (gar nicht so) häßlichen Entchen ein schöner, stolzer Schwan entsteht. Aus der Prostituierten wird die Lady, doch auch unter der Maske oberflächlicher Eleganz läßt Julia Roberts ihre Natürlichkeit und Ungezwungenheit weiter spüren. Manchmal hat man gar den Eindruck, die Unsicherheit der Vivian in den neuen Kleidern und im neuen Milieu sei auch die ihrer Darstellerin. Edward nimmt Vivian mit zu einem Polospiel. Zum erstenmal wird sie als seine Begleiterin der Öffentlichkeit vorgestellt und muß sich gleich spitzzüngige Kommentare gefühlloser High-Society-Ladies anhören, die sie mit einer derben Antwort stehenläßt. Edward begeht bei dieser Gelegenheit einen Fehler. Er erzählt seinem Anwalt Stuckey von Vivians Herkunft, und dieser macht ihr sogleich ein entsprechendes Angebot. Tief verletzt will Vivian Edward anschließend verlassen. Sie fühlt sich verraten, gedemütigt, und Edwards kalte Haltung ist nicht dazu angetan, sie zu besänftigen. Sie besteht darauf, ausbezahlt zu werden, alles scheint zu Ende, doch dann läßt sie das Geld liegen. Als Edward dies bemerkt, eilt er ihr nach und bittet sie um Verzeihung. In Vivians Gesicht spielt sich ein Kampf ab zwischen den Empfindungen, die sie für diesen Mann hegt, und der Selbstachtung, die auf der Strecke bleiben wird. Es entspricht der Moral Hollywoods, daß die Frau nachgibt und verzeiht, sich damit endgültig zum Wesen des Mannes macht und ihr Glück in trauter Zweisamkeit sucht. Obwohl sie sagt, daß sie von ihm nie mehr verletzt werden möchte, wird es nicht das letzte Mal sein. Zunächst aber die Versöhnung.
Edward in seinem scheinbar unendlichen Reichtum, an dem er vorsichtig zu zweifeln beginnt, bietet Vivian einen Ausflug in

Natürliche Schönheit

die große Welt der Oper. Mit allen Mitteln, über die ein Millionär verfügen kann, fast so wie der Immobilienspekulant Donald Trump in seinen besten Zeiten, imponiert der Finanzhai dem Mädchen vom Hollywood Boulevard. Ein Privatjet

Aschenputtel in der Oper. Mit Richard Gere

bringt die beiden in die Oper von San Francisco. Ein teures Collier legt sich auf Vivians freie Schultern und stilisiert sie zur Königin der Nacht, der Bernie, der Hotelmanager, mit einem wissenden Lächeln bewundernd hinterherschaut. In der Oper, »La Traviata«, natürlich in der teuersten Loge, bewundert Vivian mit den staunenden Augen eines Kindes diese ihr unbekannte Welt und kann am Ende nur noch sagen, daß sie sich vor Rührung fast in die Hose gemacht hätte. Am folgenden Morgen überredet sie Edward, nicht ins Büro zu gehen, sondern sich einmal wie ein normaler Mensch zu verhalten. Mit einem Picknick im Park und bloßen Füßen auf dem Rasen. Sie wirken wie ein normales Liebespaar, und zum erstenmal vergißt Vivian in der Nacht ihre »professionelle« Regel, nämlich den Kunden nicht auf den Mund zu küssen. Später murmelt sie im Halbschlaf: »Ich liebe dich.« Doch die Gefühle komplizieren ihr Verhältnis. Nicht nur, daß der letzte Tag angebrochen ist und Edward bereits alles in seinem Sinne arrangiert hat, mit Wohnung und Auto für Vivian, die damit nicht einverstanden ist, denn sie wartet auf etwas anderes, das zu sagen Edward nicht den Mut hat. Noch immer wartet sie auf ihren Märchenritter, auf ihren Prinzen, der sie rettet, nicht aber Auto und Wohnung für sie bezahlt. Ein Anruf Stuckeys ruft Edward in sein Büro. Die entscheidenden Verhandlungen mit Morse stehen bevor, der alte Mann scheint aufgegeben zu haben. Zum Entsetzen aller Beteiligten hat sich Edward aber geändert. Er schickt alle aus dem Konferenzraum, auch Stuckey, und unterbreitet Morse den Vorschlag, statt seinen Konzern zu kaufen und zu zerstückeln, ihn zu sanieren. Morse ist einverstanden und äußert seine Bewunderung für Edward, der das Büro verläßt, um barfuß im Park zu laufen.

Derweil trifft Vivian ihre Freundin Kit, der sie gesteht, Edward zu mögen. »Und er wird mir das Herz brechen«, sagt sie mit einem verzweifelten Lächeln. Später, wieder im Penthouse, Vivian packt gerade ihre Sachen, taucht der wütende Stuckey auf, wirft ihr vor, schuld zu sein an den geschäftlichen Entwicklungen, durch die ihm eine Menge Geld verlorengeht, schlägt sie und fällt über sie her. Gerade rechtzeitig taucht Edward auf und wirft seinen Anwalt hinaus. Dennoch scheint ihre Romanze beendet. Edward ist nicht in der Lage, die entscheidenden Worte zu sagen, und läßt Vivian gehen. Sie verabschiedet sich von Bernie, der ihr die Hand küßt und wahren Respekt entwickelt hat. Er läßt sie vom Hotelchauffeur nach Hause fahren. Vivian ist fest entschlossen, ihr Leben zu ändern, in San Francisco die Schule zu beenden und ein Studium zu beginnen. Sie

Mund und Beine von Julia machten harte Kritiker weich

überläßt Kit einen Teil ihres Geldes und beschwört sie, ebenfalls ein neues Leben zu beginnen. Gleich wird ihr Bus fahren. Sie ist schon auf dem Weg zur Tür, als sie die Arie von »La Triviata« hört. Edward hat es sich überlegt und schafft es sogar,

Das Glück auf der Feuerleiter – romantischer Kitsch?

seine Höhenangst zu überwinden und die Feuerleiter hinaufzusteigen, wo ihn Vivian bereits erwartet.

Natürlich hat der Film nichts mit der Realität zu tun. Denn die Existenz von Prostituierten ist in Wahrheit weniger von

Romantik als von Brutalität geprägt. Das ursprüngliche Drehbuch beschrieb Vivian als drogenabhängig und sah auch kein Happy-End vor. Denn daß ein Multimillionär sich in eine Nutte verliebt und diese sich auch noch als wahre Schönheit, innen wie außen, entpuppt, das entstammt dem Bereich der Fabel. Doch es entsprach offenbar den Bedürfnissen der Zuschauer. Wie sonst ließe sich der Erfolg erklären, der allein in den USA an die zweihundert Millionen Dollar in die Kassen und in Deutschland mehr als zehn Millionen Zuschauer in die Kinos brachte. Auch in Italien, Frankreich, Japan, Australien spielte der Film zweistellige Millionensummen ein und wurde auch als Video ein umwerfender Erfolg. Ein Erfolg, der nicht geplant war und für alle überraschend kam. »Dieser Film hat keine eigentliche Zielgruppe, er wurde nicht ›zugeschnitten‹«, versuchte Julia Roberts den Erfolg zu verstehen, »er funktioniert einfach. Ich glaube, daß das sehr viel mit dem Regisseur Garry Marshall zu tun hat. Er inszeniert, wie er lebt – sehr intuitiv. Sich abends mit ihm beim Essen zu unterhalten, ist genauso toll wie *Pretty Woman*. Es ist, als ob dein Daddy, dein bester Freund und dein netter Nachbar dir gleichzeitig ein Märchen erzählen.« (Gernot Gricksch) Julia Roberts ist dabei der eigentliche Grund für den Erfolg des Films. Eine Prostituierte zu spielen hatte schon mancher Schauspielerin die Karriere geebnet. Shirley MacLaine, Jane Fonda, Barbra Streisand, Sophia Loren oder Greta Garbo, um nur einige zu nennen, die Liebesdienerinnen mit Herz verkörpert hatten. Doch keine mit der alle Widerstände brechenden Naivität und Gutherzigkeit von Julia Roberts. Der »Newsweek«-Kritiker David Ansen attestierte ihr »ein so entwaffnendes Lächeln, daß es gefährlich ist«. Und David Denby meinte im »New York Magazine«: »Julia Roberts ist ein großes, schlaksiges Mädchen mit langer Taille und hat einen breiten Mund, der in ein entzückendes Lächeln ausbricht. In *Pretty Woman* ... flattert Roberts viel umher, schwingt ihre Schultern und Arme – sie macht vieles offensichtlich und amateurhaft –, aber wenn sie dieses Lächeln

Mit Regisseur Garry Marshall in einer Drehpause

aufsetzt, liebt das Publikum sie. Sie ist noch keine interessante Schauspielerin, aber man mag sie, und sie ist ein gutes Kameraobjekt.« Tatsächlich waren die Dreharbeiten eine Lehre für Julia Roberts. Sie hatte einen Regisseur, der die Uner-

fahrenheit seiner Hauptdarstellerin nicht ausnutzte. »Garry Marshall hat mir viel beigebracht – er gab mir die Freiheit, mich am Set von *Pretty Woman* wie ein Idiot aufzuführen. Das sah so aus: Garry gab mir die Anweisung, nur ganz subtil die Augen niederzuschlagen und ein klein wenig die Hände einzusetzen: Ich sagte, das müsse viel offensiver gespielt werden – ich müsse das Gesicht verziehen und die Arme hochreißen. Wir drehten beide Versionen. Im Schneideraum haben wir uns das dann angesehen, und Garry lag immer richtig. Ein tolles Training – wenn man weiß, wie blöd man wirken kann, versucht man es mit allen Mitteln zu vermeiden.« (Gernot Gricksch)
Garry Marshall, der zu den besten Spezialisten der romantischen Komödie im Hollywood der achtziger und neunziger Jahre zählt, besitzt nicht nur ein Gefühl für das Timing von Gags und Stimmungen, er versteht es auch, Schauspieler zu inszenieren und ihre bisher nicht wahrgenommenen Leistungsreserven offenzulegen. Individuell geht er in seinen Filmen auf die Persönlichkeit seiner Schauspieler ein. »Wir versuchten, jeden Darsteller anders zu drehen. Und, ehrlich, der Gedanke bei Julia war der, daß wir sie wie Bambi drehten. Sie bewegt sich. Sie steht nie still. Man sieht sie irgendwie, und so drehten wir sie schließlich: Sie ist da, sie ist schön – bam, sie ist weg. Wir machten darüber Witze: ›Allright, wir drehen heute *Bambi in Penthouse*.‹« (Steven Pond) Aus Richard Gere, der eine längere Phase von Erfolglosigkeit hinter sich hatte, machte er das romantische männliche Idol der neunziger Jahre. Überzeugend verkörpert Gere den aalglatten, eleganten Geschäftsmann, ein Yuppie mit grauen Strähnen, aber ohne Persönlichkeit, der im Lauf der Bekanntschaft mit Vivian entdeckt, daß auch er Gefühle hat, daß andere Dinge im Leben von Bedeutung sein können, daß Glück sich nicht am Kontostand ablesen läßt. Geres darstellerische Kunst offenbart sich in kleinen Gesten, Blicken und sparsamer Mimik – ein Minimalist der Emotion, im Gegensatz zu Julia Roberts, deren Gefühle unmittelbar zu erleben sind. Einmal mehr ist ihre fehlende emotionale Distanz zu

ihrer Rolle zu spüren. »Die dramatischen Augenblicke, in denen sie sehr verletzlich sein würde, waren sehr hart für sie. Du bist mit einem Mann wie Richard Gere sechs oder sieben Wochen zusammen, und plötzlich hast du diese Szene, in der er in dein Gesicht schreit und dich anbrüllt. Und es tut ihr weh. Er ist daran gewöhnt, aber sie war in dieser Szene am Boden zerstört. Nach jeder Einstellung weinte sie, und wir mußten sie einen Moment halten, um sicher zu sein, alles war wieder gut. Das ist ihre Arbeitsweise. Man muß das verstehen und unterstützen. Der andere Bereich ihrer Verletzlichkeit war die Szene, in der sie über ihren Vater reden mußte. Ich fragte sie nicht danach, aber ich konnte sehen, daß sie berührt war. Deshalb hielt ich sie fest zwischen den Einstellungen dieser Szene, und dann ging's ihr wieder gut.« (Steven Pond) Mit einer

Kerzenlicht-Romantik allzu persönlich genommen

Der Blick in eine ungewisse Zukunft? Julia wird durch ›Pretty Woman‹ zum Superstar

»Oscar«-Nominierung wurde ihr Einsatz belohnt. Es war der Höhepunkt einer Laufbahn, die im Grunde erst ein Jahr zuvor richtig begonnen hatte. Der Erfolg steigerte sich über Nacht ins Maßlose, die Produzenten wollten sie alle haben.

Pretty Woman war – wie gesagt – eine Überraschung an den Kinokassen, an denen in diesem Sommer immer weniger Geld eingespielt wurde. Hollywood rutschte mit Macht in eine Krise, die zum Teil selbstverschuldet ist. *Pretty Woman* zählte von seinem Budget her zu den kleineren Filmen und spielte, ähnlich wie die Komödie *Home Alone* (1990; Kevin – allein zu Haus), ein Vielfaches seiner Kosten wieder ein. Ein deutlicher Hinweis darauf, daß aufgeblasene Budgets kein Garant für Erfolge sind. Doch das grundlegende Problem der zu hohen Kosten ist dadurch nicht gelöst.

Noch vor Beginn der Dreharbeiten sind häufig schon Millionen Dollar vergeben. Ein Star kann bis zu zehn Millionen Dollar und mehr kosten und weitere Kosten verursachen. Etwa mit der Bedingung, nur unter einem bestimmten Top-Regisseur zu drehen, der weitere zwei Millionen erhält und die Techniker seiner Wahl mitbringt. Häufig hat ein Star einen eigenen Skript-Doktor, der das Drehbuch daraufhin überarbeitet, daß sein Mandant auch ins rechte Licht gerückt wird oder dessen dramaturgische Einwände berücksichtigt werden. Doch – sehr zum Bedauern der Studiochefs – ist all dies keine Garantie für Erfolg. Julia Roberts verkörperte als »Pretty Woman« mit einem Mal neue Hoffnung. Sie stellte ein neues, restauratives Frauenbild dar, keinen Vamp, keine Sexbombe, keine Femme fatale, sondern schlicht das einfache Mädchen aus der Provinz, schön und naiv, doch mit einer alles überstrahlenden Natürlichkeit, wie sie aus Hollywoods Glanzzeiten her bekannt war. Deshalb immer wieder die Vergleiche mit Audrey Hepburn, deren Schüchternheit und Verletzlichkeit sie mitbringt, oder mit Katharine Hepburn, deren erdverbundene Unkompliziertheit und erfrischende Spontaneität sie besitzt. Allerdings scheint Julia Roberts nicht deren Kraft und Stärke zu besitzen. Vor allem von Katharine Hepburn kennt man die Bedingungslosigkeit, mit der sie schauspielerische Strapazen bewältigte. Ganz anders reagiert Julia Roberts, wie sich Garry Marshall erinnert. »Sie spielt gut, wenn sie geliebt wird. Richard Gere und ich unternahmen große Anstrengungen, um ihr ein angenehmes Gefühl zu vermitteln und das, geliebt zu werden, und es zu einer angenehmen Erfahrung werden zu lassen – nicht, weil wir so nette Menschen sind, sondern weil wir spürten, daß es das Beste für das Projekt sei. (...) Sie ist ein sehr, sehr gutes, nettes Mädchen. Ich hoffe, sie bleibt so, und ich hoffe, keiner wird sie verletzen.« (Steven Pond)

Strahlender Hoffnungsschimmer

Ihre größte emotionale Betroffenheit erfuhr Julia Roberts allerdings durch den anschließenden Film *Flatliners*, für den sie – ebenso wie für den nachfolgenden *Sleeping With the Enemy* – schon besetzt war, bevor der Erfolg von *Pretty Woman* alle überwältigte. Eine Betroffenheit, die weniger mit der Auseinandersetzung mit der Rolle zu tun hatte als mit der Verbindung zu ihrem Kostar Kiefer Sutherland. Eine Verbindung, die die Schlagzeilen füllen sollte.
»Heute ist ein guter Tag zu sterben«, sagt Kiefer Sutherland, durch Filme wie *Young Guns* (1987; Regie: Christopher Cain) oder *Renegades* (Renegades – Auf eigene Faust; 1989; Regie: Jack Sholder) zwar bekannter gewordener, aber doch auch glücklos spielender Sohn seines berühmteren Vaters Donald. Sutherland spielt Nelson, einen Medizinstudenten und treibende Kraft eines Selbstversuches, bei dem er sich mit Hilfe seiner Freunde für eine gewisse Zeit in einen Zustand von Hirntod versetzen lassen und dabei die Phase des Übergangs zwischen Leben und Tod kennenlernen will. Rachel (Roberts) versteckt ihre Unsicherheit hinter einer Nickelbrille. Sie ist der Typ Mauerblümchen, mitgenommen von den Berichten einiger Patienten, die schon an der Schwelle des Todes standen und wieder zum Leben erweckt werden konnten. In der Pathologie muß sich Rachel die Anmache anderer Studenten gefallen lassen, gilt sie doch unter ihren männlichen Kommilitonen als frigide. Nelson bittet sie, ihm bei seinem Experiment zu helfen. Noch zögert Rachel, die mit offenen Haaren nichts mehr von der Unsicherheit der bebrillten Studentin spüren läßt. Schon ahnt man in ihr die Frau, die unter einem schrecklichen Geheimnis leidet. »Da gibt es diese wundervolle Dichotomie bei Julia«,

Frisch verliebt mit Kiefer Sutherland im New Yorker Limelight Club

erkannte der *Flatliners*-Regisseur Joel Schumacher, der zu ihrem väterlichen Freund wurde. »Da gibt es diese Frau, dieses kleine Mädchen, diese Querulantin, diese sehr unschuldige Dame. Es gibt eine *My Fair Lady*-Note in ihr, und der Grund, weshalb sie all das überstreifen kann, ist meiner Meinung nach der, daß alle diese Personen in ihr sind.« (Steven Pond)
Rachel kann sich Nelsons Drängen schließlich nicht mehr verschließen. Ihre Neugier besiegt ihre Skepsis. Sie soll eine Lösung injizieren, die den Hirntod künstlich herbeiführt. Eine Minute lang, dann sollen Nelsons Freunde ihn zurückholen. Dave (Kevin Bacon) will zuerst nicht teilnehmen, er bleibt der Skeptiker, doch dann macht er mit. Joe (William Baldwin, einer von vier schauspielernden Baldwin-Brüdern, deren bekanntester Alec ist), der seine Liebesabenteuer auf Video filmt, soll den Versuch dokumentieren. Steckle (Oliver Platt) assistiert und zeichnet die Erlebnisse des »Todeskandidaten« auf. In

einer verlassenen Halle der Universität bauen sie ihre Gerätschaften auf. Auf einem Monitor können sie den Herzschlag beobachten. Ist er auf Null, gibt es die »flatline«, dann ist der Betreffende tot. Rachel beweist bei ihren Handgriffen kühle Professionalität. Sie ist jetzt von einer Art Jagdfieber befallen und gerät mit den anderen in einen Streit über die Methode, Nelson ins Leben zurückzubringen. Denn fast wäre es ihnen mißlungen. Ein Spannungsmoment, der sich abnutzt, denn der frühere Werbefilmer Schumacher vertraut ihm allzu sehr und benutzt es immer wieder.

Schon in seinen bekanntesten Filmen *St. Elmo's Fire* (1985) und *The Lost Boys* (1986, mit Kiefer Sutherland), alles Ensemblefilme übrigens, hatte Schumacher seine Inszenierungen durch die Anhäufung und stereotype Wiederholung emotionaler Höhepunkte und aufputschender Action-Momente ihrer Überzeugungskraft beraubt. In *Flatliners* wird dies besonders deutlich. Denn nach dem ersten »Tod« folgen weitere, ohne daß sich eine grundlegende Änderung ergäbe. Nach seiner Wiederbelebung hat Nelson eine gesteigerte Wahrnehmung, entdeckt erst einmal die Schönheit Rachels, fühlt sich dann aber verfolgt und bedroht von einer Gestalt aus seiner halluzinatorischen Todeserfahrung. Als Kind war er am Tod eines Kameraden schuldig geworden. Die Gestalt aus seiner Erinnerung beginnt ihn später sogar »real« zu attackieren, immer heftiger und öfter. Seine Verletzungen tut er den anderen gegenüber als Mißgeschicklichkeiten ab. Rachel will die nächste sein, doch sie muß Joe den Vortritt lassen, der bei seiner Fahrt durch das eigene Leben immer nur Frauen begegnet. Später wird er überall auf Bildschirmen seine Liebesvideos zu sehen glauben. Dave ist immer noch skeptisch. Doch er läßt sich von dem Fieber der anderen mitreißen, steigert sogar in einer Art von Auktion gegen Rachel die Zeit, die er tot sein will. Rachel ist sauer, erneut verwehrt man ihr diese Erfahrung. Sie ist die einzige, die außer der Neugier und der Versuchung, das Leben zu beherrschen, einen ganz persönlichen Grund hat, dieses Experiment

Hinter der Brille versteckte Unsicherheit. ›Flatliners‹

Julia mit ihren ›Flatliners‹-Kollegen William Baldwin, Kiefer Sutherland, Oliver Platt, Kevin Bacon (von links nach rechts)

zu wagen. Während Nelson und Joe ihre Halluzinationen verschweigen, läßt sich Dave ausgerechnet am Halloween-Abend in den Tod schicken. Ruhigen Bildern von einem Flug über schneebedeckte Berge folgen Szenen eines Streites unter Kindern. Dave sieht, wie er als Junge eine schwarze Mitschülerin hänselt.

Nach Daves Rückkehr verlangt Nelson, erneut zu »sterben«. Er benimmt sich wie ein Diktator, reklamiert die Urheberschaft an dem Experiment für sich, doch diesmal setzt Rachel sich durch. Dave verrät sie ihr Motiv. Sie möchte wissen, wie es den Toten aus ihrer eigenen Vergangenheit im Jenseits geht.

Es ist soweit. Rachel wird ins Reich der Toten geschickt. Dave

stürzt herein, will sie zurückholen. Denn auch er hat inzwischen Halluzinationen gehabt und möchte das Experiment beenden. Längst hat er sich in Rachel verliebt. Doch es gibt Probleme mit der Elektronik. Und so erlebt Rachel den Selbstmord ihres Vaters (Benjamin Mouton) mit, an dem ihr von der Mutter (Elinore O'Connell) die Schuld gegeben wird. Gerade noch gelingt es den anderen, sie vor dem Tod zu bewahren. Aber auch Rachel hat in der Folge Halluzinationen. Der Tod ihres Vaters wird sie als eine schreckliche Erinnerung verfolgen, Szenen, in denen Julia Roberts besonders überzeugend ist. »Sie machte ihre emotionalen Hausaufgaben, bevor sie (auf den Set, d. A.) kommt«, schilderte Schumacher die Arbeitsweise seines Stars. »Wenn sie eine höchst emotionale Szene vor sich hat, hat sie herausgefunden, was sie dafür aus ihrem eigenen Leben und ihren Gefühlen benutzt. Und sie ließ es mich immer wissen, entweder bewußt oder mehr verdeckt, welcher Auslöser aus ihrem Leben stammte (so die gemeinsame Erfahrung des gestorbenen Vaters, d. A.). Eine Menge Schauspieler ihres Alters – einundzwanzig oder zweiundzwanzig – haben andere Dinge in ihrem Leben und denken, der Film beginnt, wenn ich ›Action!‹ schreie. Julia geht zwischen den Einstellungen weg und bleibt in ihrer Figur, bis wir für die Szene soweit sind. Sie weiß, daß mit ›Action!‹ die Schauspielerei nicht beginnt und daß ›Cut‹ nicht immer das Ende bedeutet.« (Robert Palmer)
Eines ist deutlich. Alle haben jetzt Erinnerungen an ihre Kindheit. Und zwar immer nur an ein Ereignis, für das sie sich mitverantwortlich fühlen, ohne es verarbeitet zu haben. Joe, von seinen Liebesabenteuern verfolgt, findet seine Freundin in seiner Wohnung vor. Sie hat die Videos entdeckt und verläßt ihn – die Buße für seine Heimlichkeiten und seine Frauenverachtung. Rachel glaubt beim Sezieren einer Leiche, ihren Vater auf der Bahre zu sehen, und läuft schreiend aus dem Saal. Nelson kämpft immer wieder gegen seinen Dämonen, einen kleinen Jungen namens Bill Mahoney, der ihm kräftig zusetzt. Nur Dave zieht die Konsequenz. Er sucht jenes Mädchen von

damals auf, jetzt eine gestandene, friedliche Mutter und Ehefrau, und bittet sie um Entschuldigung für das Unrecht von früher. Damit verliert Dave seine Halluzinationen.

Es kommt zum Streit unter den Freunden. Rachel wirft Nelson vor, sie für das Experiment mißbraucht zu haben, weil er ihnen nicht von Beginn an von seinen Wahrnehmungen berichtete. Dave ist alarmiert von ihrem Gefühlszustand und bringt sie dazu, ihr alles zu erzählen und um Verzeihung zu bitten. Erneut hat Rachel eine Halluzination, in der sie endlich den Ereignissen aus ihrer Kindheit gegenübertritt, als Erwachsene. So erkennt sie, daß ihr Vater, ein Kriegsveteran, drogenabhängig war und sich deshalb das Leben genommen hat. Durch sein Verzeihen kann sie ihr Trauma tränenreich überwinden. Nun

Auf der Suche nach dem Vater im Jenseits. Julia schaut ins Nirgendwo

gilt es nur noch, Nelson vor seinen Erinnerungen zu bewahren. Nachdem er Joe und Steckle das Grab von Bill Mahoney gezeigt und ihnen die Geschichte erzählt hat, dreht er durch. Er will seine schuldhafte Verstrickung wiedergutmachen, indem er sich selbst das Leben nimmt. Er schließt sich an die diversen Apparate an, injiziert die entsprechend erhöhte Dosis und tritt ein in das Reich des Todes. Inzwischen treffen die anderen ein, versuchen ihn zu retten. In seinem Traum nimmt Nelson den Platz von Bill Mahoney ein, stirbt an seiner Stelle. Allerdings nicht ganz, denn Rachel und Dave ist es derweil gelungen, seine Hirnfunktionen wiederzubeleben. Gerade noch kann Nelson wahrnehmen, daß Bill ihm verzeiht, da kehrt er auch schon ins Leben zurück. Alle wissen jetzt, daß sie der Versuchung, Leben zu nehmen und zu geben, widerstehen werden und daß sie gelöster in ihre Zukunft blicken können.

Mit großem technischem Aufwand, inszeniert dabei wie ein überdimensionaler Videoclip, mit einfachster Farbdramaturgie operierend – Blau und Orange für die Welt im Jenseits -, ist *Flatliners* eine wüste Mischung aus Science-fiction, Horror, Fantasy und Religionsfabel. »*Flatliners* behauptet nicht zu wissen, was nach dem Tode geschieht«, so Schumacher über sein Werk. »Nur weil man gerade mal einige Minuten tot war, führt dies nicht dazu, daß man die Ewigkeit besser versteht. Genausowenig wie man nach zwei Minuten Leben etwas vom Leben versteht ... *Flatliners* wurde gedreht, um dem Publikum eine visuelle Erfahrung zu vermitteln, die auf den Magen schlägt und die es noch in keinem anderen Film erfahren hat.« (Adolf Heinzlmeier) Ein Film, der inhaltlich so wirr wirkt wie die aufgesetzte Spielweise mancher seiner Darsteller. Einzig Julia Roberts zog sich achtbar aus der Affäre. Ohne die größte Rolle zu haben, stand sie doch im Mittelpunkt des Geschehens, richteten sich alle Figuren nach ihr und bescherten ihr dadurch eine variantenreiche Rolle. »Ich bin glücklich, bei dem winzigen Umfang meiner Arbeiten bis jetzt, daß ich nie zweimal dasselbe machen mußte. Ich mache keinen Film in derselben Weise;

Auf dem 16. Amerikanischen Filmfestival im französischen Deauville präsentierten Kiefer Sutherland mit Freundin Julia, Regisseur Joel Schumacher und Produzent Michael Douglas ihren Trip ins Jenseits

meine Art ist, immer ein bißchen zu verändern, und meist bin ich damit zufrieden. Jede Situation wird anders sein, deshalb bin auch ich damit einhergehend anders. Ich glaube, es wird irgendwie leichter, wenn jeder irgendwie in einer Routine aufgeht, wie es zum Beispiel die sehr unterschiedlichen Ensembles von *Mystic Pizza* und *Flatliners* taten.« (Robert Palmer) Der im ganzen reichlich unausgewogene Film, der ein bißchen Frankenstein zitiert und sich eigentlich nicht wirklich für die Frage interessiert, was nach dem Tode passiert, wurde dennoch ein mittlerer Erfolg, vor allem wohl wegen Julia Roberts, deren frischer Ruhm durch *Pretty Woman* sie zur heißesten Darstellerin

Hollywoods gemacht hatte. Eine Bürde, unter der sie schwer zu tragen haben würde. »Sie sagte mir einmal«, äußerte sich Schumacher, »daß sie niemals so ›heiß‹ wie jetzt werden wollte, sondern daß sie auch schon mit ›lauwarm‹ sehr glücklich gewesen wäre.« (Fred Schruers) Joel Schumacher war erst später zum Filmteam gestoßen. Sein Projekt »Phantom of the Opera« hatte sich verschoben, und so übernahm er die Regie von *Flatliners*. Keiner wußte dabei, ob überhaupt jemand diesen Film, der sich mit dem Tod beschäftigt und kein Horrorfilm ist, sehen wollte. Doch die Mitwirkung von Julia Roberts garantierte jetzt eben fast schon den Erfolg.

Heiß und stürmisch

Ein Star war geboren, ohne daß er geplant worden war. »Das erstemal habe ich Julia Roberts in ›Vogue‹ gesehen, da posierte sie mit ihrem Bruder Eric«, erinnerte sich Schumacher an ihre erste Begegnung. »Einige Jahre später fiel sie mir dann in *Mystic Pizza* auf. ›Ach ja, das ist das Mädchen aus „Vogue"!‹ Wenn man Regisseur ist, hat man immer eine gewisse Anzahl von Gesichtern im Kopf, mit denen man eines Tages gerne drehen würde. Julia war schon in meiner persönlichen Galerie, bevor ich sie kennenlernte. Als ich mit der Besetzung von *Flatliners* begann, dachte ich sofort an sie. (...) Eines der schönsten Dinge, die dir im Leben passieren können, ist, Menschen zu treffen, die dich glücklich machen, ein menschliches Wesen zu sein. Julia ist von dieser Art. Ich habe immer gedacht, sie würde eine gute Werbung für die Menschheit abgeben.« (Christophe d'Yvoire)
Das Publikum hatte die rothaarige Julia ebenfalls schnell und vorbehaltlos in sein Herz geschlossen und nahm regen Anteil an deren Privatleben. Das entwickelte sich in der Folge von *Flatliners* stürmisch. Sie begann eine Affäre mit Kiefer Sutherland und wurde zum Dauergegenstand der Boulevardpresse. Der Jungmime trennte sich ihretwegen von seiner älteren Frau

und seinem Kind, kurz nachdem die Dreharbeiten beendet waren. Aus seiner anfänglichen Skepsis war wohl Liebe geworden. »Es gab keinen Grund, diese Person zu mögen oder nicht zu mögen. Es gab keinen Einfluß von außen, außer dem meines Agenten, der sagte: ›Oh, ich bin so froh, daß Julia Roberts diesen Film macht.‹ Und ich: ›Julia, wer?‹ und dachte: ›Okay, hier ist diese Anfängerin.‹ Dann kommt sie zur Probe und hat schon als Person eine wirklich unglaubliche Präsenz, die mich mich hinsetzen und einen Blick riskieren ließ. Dann haben wir angefangen, zusammen zu arbeiten, und ich wurde wirklich richtig begeistert, denn sie war eine der besten Schauspielerinnen, mit denen ich jemals gearbeitet habe. Ich meine, sie war unglaublich gebend, unglaublich offen, und sie hatte Qualitäten, die man gar nicht in Worte fassen kann, wenn man ihre Arbeit beobachtet. Und ich glaubte, ich sei der einzige, der das gesehen und eine große Entdeckung gemacht hätte, bis Freunde von mir, die *Steel Magnolias* gesehen hatten, sagten: ›Kiefer, jeder weiß das. Werd' erwachsen.‹ (...)
Schön war, daß unsere Beziehung sich gut entwickelte, nachdem wir Chicago verlassen hatten. Wir hatten mehr als einen Monat zusammen gearbeitet, und unsere Beziehung kam erst zwei Monate danach zustande. Zuerst wurde ich also von Julias unglaublichem Talent als Schauspielerin angezogen. Und ich nahm einen phänomenalen, lächerlichen Respekt an, der sich zu etwas anderem entwickelte.« (Steven Pond) Das frisch verliebte Paar bezog ein gemeinsames Haus in Los Angeles, das sie auf seinen Rat hin kaufte, oder verbrachte die gemeinsame Zeit auf einer Ranch in Montana. Alles schien normal zu sein. Bis auf die Karriere. Denn während Julia Roberts unaufhaltsam auf dem Weg nach oben war und ihre Gagen auf über zwei Millionen Dollar kletterten, mußte Kiefer eine Reihe von Mißerfolgen hinnehmen. Er stand immer mehr im Schatten seiner Freundin. Angeblich soll er sich häufiger exzessivem Alkoholgenuß hingegeben haben. Dennoch schwärmte Julia Roberts in dieser Zeit von einer Familie. »Schauspielen ist zwar

Junges Glück bei der Hollywood-Premiere von ›Flatliners‹

eine echte Liebe von mir, aber es ist nicht die wahre Liebe. Es gibt Zeiten, an denen ich so festgefahren bin wegen der Machenschaften in diesem Geschäft, daß ich einfach diese großartigen, häuslichen Phantasien habe. Zu Hause sein, ruhig, lesen, einen Garten haben und all das machen. Sich um eine Familie kümmern. Das sind die wichtigsten Dinge. Filme werden kommen und gehen, aber die Familie ist wirklich von Konsistenz.« (Steven Pond) Die Zweiundzwanzigjährige genießt ihr häusliches Dasein, wann immer sie es wahrnehmen kann. »Privat ... ach ja, das sind die paar Minuten zwischen den Terminen, oder? Nun, Ms. Roberts liebt lateinamerikanische Literatur, die sie allerdings nie in den Drehpausen lesen kann, weil sie sonst die Stories durcheinanderbekommt. Ms. Roberts versucht jetzt auch, Spanisch zu lernen. Und Ms. Roberts lebt mit einem netten, jungen Mann namens Kiefer zusammen, den sie manchmal einfach aufs Sofa schmeißt, mit dem sie dann Popcorn mampft und in die Glotze schaut.« (Gernot Gricksch) Auf der »Golden Globe«-Zeremonie dankt sie dann dem »wunderbaren blonden, grünäugigen Freund«, der alles für sie tue.

Im März 1991 verloben sich Julia Roberts und Kiefer Sutherland offiziell. Ihre Hochzeit wird auf den 14. Juni 1991 terminiert. Doch dann gibt es erste Gerüchte. Nachdem auch Julia Roberts einen kommerziellen Flop hatte – mit *Dying Young* -, sie aber unter Steven Spielberg in dessen *Hook* spielen würde, erscheint in dem Klatschblatt »Globe« am 19. Februar ein Foto von Kiefer mit einer unbekannten Frau. Wie die Reporter bald herausfinden, handelt es sich um die Stripperin Amanda Rice, die zudem freimütig über ihr Verhältnis spricht. Julia Roberts läßt drei Tage vor der Hochzeit den Termin platzen. »Ich habe meinen Stolz erst heruntergeschluckt. Als Frau erfährt man es eben meist als letzte. Doch ich habe mir gesagt: Ich habe den Fehler gemacht, mich auf eine Heirat einzulassen. Jetzt mache ich aber nicht auch noch den Fehler, ihn wirklich zu heiraten. (...)

Ich kam aus Arizona zurück und wollte ihm am Telefon sagen, daß es besser wäre, nicht zu heiraten. Doch er kam mir zuvor. Ich war nicht wütend oder fertig, als es aus war. Aber er sagte es mir auf eine widerliche, eklige Weise. (...)

Mit Jason Patric tröstete sich Julia in Irland, lächelnd zwar, doch immer auf der Flucht vor den Medien

Er weiß genau, daß es für uns beide so besser ist. Doch in der Öffentlichkeit stellt er sich als Opfer dar. Durch seine Sprüche ist das Bild von einem vor dem Altar verlassenen Kiefer entstanden. Eine Lüge.« (D. Sindermann) Als dieses Interview in der amerikanischen Zeitschrift »Entertainment Weekly« erschien, hatte Julia Roberts ihre Krise bereits wieder überwunden. Denn kurz nach der Trennung von Kiefer verschwand sie im Cenar Sinai Medical Center von Los Angeles. Offizielle Begründung: eine schwere Grippe. Doch natürlich wollten es alle Reporter besser wissen und sprachen von einer Nervenkrise. Was auch immer es war, Julia Roberts hat es überstanden und ein neues Projekt begonnen: Steven Spielbergs *Hook,* dessen Dreharbeiten im Juni 1991 anfingen.

An ihrer Seite im Privatleben fand sich nunmehr der Schauspieler Jason Patric, ein Freund von Kiefer Sutherland, mit dem zusammen er in *The Lost Boys* von Joel Schumacher gespielt hatte. Doch es hatte sich gezeigt, daß Julia Roberts Schwierigkeiten hat, ein emotionales Gleichgewicht zu halten, ohne dabei in Exzesse zu verfallen. Das gilt für ihre Rollen offenbar ebenso wie für ihr Privatleben, das sie seitdem regelrecht abschottet. »Über Dinge wie mein Privatleben oder meine Religion spreche ich einfach nicht gern. Die Leute wollen so viel wissen, aber nicht wirklich. Allzu häufig scheinen sie nur ein bißchen wissen zu wollen, so daß sie daraus viel mehr machen können und dich so darstellen, wie sie dich gerne hätten.« (Robert Palmer) Mit Jason Patric suchte sie, die Haare kurz geschnitten, Ruhe in Irland, doch die Reporter blieben ihr auf den Fersen.

Nach *Flatliners* und den sich daraus für ihr Privatleben ergebenden Folgen kehrte sie indes zunächst in den Süden der USA zurück. Schon vor ihrem Starruhm hatte sie die Hauptrolle in dem Psychothriller *Sleeping With the Enemy* angenommen, den Joseph Ruben inszenieren würde.

KAPITEL 3

Die Magie des Stars

Der Produzent Leonard Goldberg hatte den Auftrag, für die 20th Century Fox einen Psychothriller herzustellen. Die vorgesehenen Drehorte des Films *Sleeping With the Enemy* lagen in North Carolina, am Cape Fear und in South Carolina, in der Kleinstadt Abbeville. Als Regisseur war Joseph Ruben engagiert, der in *The Stepfather* (1986; Kill, Daddy, Kill), einem äußerst spannenden Psychothriller über die Paranoia der Institution Familie, die gutbürgerlichen Ideale des American Way of Life in einen Alptraum verwandelte und in *Dreamscape* (1983; Dreamscape) psychologische Experimente mit einem Politkomplott verband, also für Nervenkitzel der richtige Mann zu sein schien. In der männlichen Hauptrolle sollte der weithin unbekannte Ire Patrick Bergin auftreten, inzwischen durch Filme wie den unmittelbar im Anschluß entstandenen *Robin Hood* (1990; Robin Hood – Ein Leben für Richard Löwenherz; Regie: John Irvin) und den Psychothriller *Love Crimes* (1991; Love Crimes; Regie: Lizzie Borden) auch hierzulande bekannt geworden. In letzterem spielt Bergin eine ähnliche Rolle wie in Rubens Film: einen psychopathisch veranlagten, sadistischen Frauenquäler. Noch nicht gefunden war 1989 die weibliche Hauptdarstellerin, die wichtigste Rolle in diesem Film. Denn die Frau und ihre Flucht vor dem brutalen Ehemann sind der Inhalt des Films. »Kim Basinger sollte ursprünglich die Hauptrolle in *Sleeping With the Enemy* spielen«, so Goldberg später, »und wir glaubten, wir hätten wirklich Probleme, wenn sie entschiede, sie nicht zu übernehmen. Kim hatte gerade *Batman* hinter sich und war auf sämtlichen Illustrierten-Titelseiten. *Steel Magnolias* kam gerade heraus, und Julia war im Grunde nur eine aufsteigende junge Schauspielerin. Wir setzten die größtmögliche Star-Kraft ein, um mit einer fast Unbekannten zu arbeiten; wir machten dies, weil Julia wirklich richtig für die Rolle schien und wir das Gefühl hatten, mit einem besseren, wenn nicht sogar besser zu vermarktenden Film herauszukommen. Jetzt stehen wir natürlich wie Genies dar.« (Robert Palmer) Tatsächlich schoß der Film in die oberen Ränge der amerikanischen Hitliste von Einspielergebnissen und bestätigte erneut die Anziehungskraft seines Stars Julia Roberts. In Deutschland dagegen fiel der Film an der Kasse durch, taucht nicht einmal unter den ersten hundert erfolgreichsten Filmen des Jahres 1991 auf. Dabei bezaubert Julia Roberts durch die gleichen Qualitäten wie in *Pretty Woman,* obgleich sie hier die geschundene, verängstigte Frau spielt. Einmal mehr möchte man sie in die Arme nehmen, erhellt ihr Lächeln die Leinwand wie ein Sonnenstrahl einen Raum, ist ihre emotionale Betroffenheit stärker als ihr darstellerisches Vermögen. »Während der Aufnahmen zu *Sleeping With the Enemy* begann sie in einigen Drehpausen hysterisch zu weinen. Sie schaffte es einfach nicht, sich von ihrer fiktiven Qual und ihrem fiktiven Teufelsgatten zu distanzieren«, erinnert sich Joseph Ruben (bt).

Alles beginnt an einem idyllischen Strand. Laura Burnley (Roberts) ist mit ihrem Mann Martin (Bergin) in ein überaus elegantes Strandhaus gefahren, um Ferien zu machen. Frühmorgens sammelt sie Muscheln, als ihr Mann näher kommt. »Guten Morgen, Prinzessin«, sagt er mit weicher Stimme, deren drohender Unterton nicht zu überhören ist. Mit einem Lächeln, das noch liebevoll wirkt, aber im nachhinein auch als ängstlich interpretiert werden kann, schaut Laura zu ihm auf. Ihrer Freude auf das abendliche Muschelessen, auf die Zeit mit ihrem Mann setzt dieser einen Dämpfer auf. Zunächst wird er zur Arbeit gehen, und den Abend werden sie dann auf einem Empfang außer Haus verbringen. Enttäuscht, aber ohne Widerspruch hört sie auf, Muscheln zu sammeln. Laura hat ein Kleid gewählt, doch mit einschmeichelnder, aber fester Stimme schlägt Martin ihr gegen ihren Willen ein anderes vor, in dem sie dann tatsächlich auf den Empfang geht. Später, nach der

In ganzer Größe

Scheinbar friedliches Eheleben. Mit Patrick Bergin in ›Sleeping With the Enemy‹ (Der Feind in meinem Bett)

Heimkehr, legt Martin eine Platte mit der Musik von Berlioz auf, die »Symphonie Fantastique«, zu deren anfangs bedrohlichen, dann majestätisch-fröhlichen Klängen er Laura faßt und auf dem Küchentisch vergewaltigt. Denn sie wehrt sich dagegen, von ihm auf diese Weise geliebt zu werden. Martin, dem Patrick Bergin, Hollywoods neuer Mann fürs Psychopathische und Bedrohliche, dem man den Frauenschänder schon in den unruhig flackernden, blauen Augen anzusehen glaubt, eine brutale Besessenheit verleiht, trainiert morgens am Krafttrainer, bis ihm der Schmerz und die Erschöpfung die Tränen in die Augen treiben.

Ganz andere Tränen vergießt Laura, deren Leben eine Hölle aus Gewalt und Demütigungen ist. So wird sie wie ein kleines Kind von ihrem Mann ermahnt, die gestreiften Handtücher in

Reih und Glied aufzuhängen, ebenso die Konservendosen im Schrank in einer Linie aufzustellen. Als er dann einen Nachbarn trifft, der sie zum Segeln einlädt und erzählt, Laura am Fenster gesehen zu haben, kehrt er ins Luxushaus zurück, das trotz seiner Rundumverglasung ein Käfig, ein Gefängnis ist. Grundlos eifersüchtig, verprügelt er die verständnislose, überraschte Laura. Dann tröstet er sie wie ein kleines Kind, das ungehorsam war. Später fährt er fort und bringt bei seiner Rückkehr ein neues, gewagtes Unterkleid mit, das er Laura sofort überstreift, nachdem sie sich vor ihm hat ausziehen müssen. Erneut fällt er über sie her, hat gegen ihren Willen mit ihr Geschlechtsverkehr. Nur wenn Martin sie anschaut, lächelt Laura, die immer teilnahmsloser wirkt. »Wir beide bleiben immer zusammen, nichts kann uns trennen«, macht Martin deutlich, bevor sie die Einladung zum nächtlichen Segeln annehmen. Doch Laura wünscht sich nichts sehnlicher als eine Trennung, ihr Leben ist inzwischen schlimmer als die Hölle.

Gefühlsqualen

Auch für Julia Roberts wurden die Dreharbeiten zur Strapaze. »Ich bin nicht gerade jeden Abend schweißgebadet und voller Blutergüsse nach Hause gekommen, aber etwas Einsatz muß man bei einem solchen Film schon zeigen. Ich will doch meine Gage nicht dafür bekommen, daß Stuntfrauen die ganze Arbeit machen und ich nur für die Großaufnahmen das Gesicht hinhalte.« (Gernot Gricksch) Für Großaufnahmen, die mal ein verweintes, mal ein lachendes, mal ein verängstigtes oder einfach ein glückliches Gesicht zeigen, sorgten Joseph Ruben und sein Kameramann John W. Lindley laufend. Denn immer dann, wenn die Story – das Drehbuch stammt von Ronald Bass, dem Autor von *Rain Man,* nach einem Roman von Nancy Price – Lücken aufweist, bügelt Ruben sie mit seinem Star aus. Immer wieder wird deutlich, daß ein Lächeln von Julia Roberts reicht, aus einem schlechten einen sehenswerten Film zu machen. Eine

Qual im Ehebett. Die Harmonie ist in Wahrheit die Hölle

Belastung, die bis an die Grenzen ihrer Kraft ging. »Es war sehr intensiv, aufgrund des Stoffes. Und es gab wenige Szenen, in denen ich nicht war, also arbeitete ich im Grunde jeden Tag für mehr als drei Monate, und wir hatten eine Sechstagewoche, was alles sehr ermüdend war. Es war auch gefühlsmäßig qualvoll ... Wochenlang mußte ich am Set erscheinen, anfangen zu weinen und das Opfer in diesen fürchterlichen Kämpfen sein.« (Iain Blair)

Laura entgeht den Qualen ihrer Ehe. Der nächtliche Segelturn bei Vollmond endet anders als geplant. Ein Sturm kommt auf und verängstigt Laura, die nicht schwimmen kann. Als Martin ein Segel nicht alleine einholen kann, der Nachbar ihm hilft und Martin dabei kurz über Bord geht, achtet niemand auf sie. Als sich Martin ihrer erinnert, ist es zu spät. Laura ist von Bord verschwunden. Bei der stürmischen See hat die Nichtschwimmerin keine Chance. Laut schreit Martin in die Nacht, weniger in Sorge um ihr Schicksal, sondern aus Ärger darüber, daß sie ihn gewissermaßen »ohne Erlaubnis verlassen« hat. Als dann noch ihre Schwimmweste gefunden wird, scheint alles klar. Laura ist ertrunken.

Die Hölle hat bald ein Ende, Julia bereitet ihren Abgang vor

In Wahrheit aber ist sie eine exzellente Schwimmerin. Lange hat sie auf diese Gelegenheit gewartet, alles ist vorbereitet: Geld, eine schwarze Perücke, Kleidung. Noch während Martin nach ihr sucht, holt sie ihre Sachen aus dem Haus und spült ihren Ehering die Toilette hinunter. Dann steigt sie in einen Bus, der sie weit fortbringen soll. Sie wirkt wie ein kleines Mädchen, zusammengekauert in ihrem Sitz, schutzbedürftig, ängstlich. Eine Frau bietet ihr einen Apfel an, ihr erzählt sie ihre Geschichte. »Sie haben Mut«, muntert die Frau sie auf. Am Morgen trifft Laura in der idyllischen Kleinstadt Cedar Fall irgendwo in Iowa ein, auf deren zentralem Platz gerade die amerikanische Flagge gehißt wird. Hier, wo alles so friedlich wirkt, möchte sie bleiben. Laura findet ein hübsches Haus, mietet es und freut sich, es renovieren und einrichten zu können. Eines Tages beobachtet sie im Nachbargarten einen jungen Mann, der mit einem Gartenschlauch tanzt und singt. Erschreckt zuckt sie zurück, als dieser sie bemerkt. Irgendwann nachts holt sich Laura, die sich jetzt Sara nennt, Äpfel aus dem Nachbargarten. Ben, so heißt der junge Mann, überrascht sie dabei. Er ist Schauspiellehrer am örtlichen College und macht ihr einen Vorschlag. Er gibt ihr die Äpfel gegen einen Kuchen. Laura läßt die Äpfel fallen, sie will nie wieder ein Geschäft mit einem Mann machen, das nicht von ihrer Seite kommt.

Martin erhält bei der Arbeit einen Anruf von einer Bekannten Lauras. Die Frau kondoliert ihm, erzählt verwundert, daß sie nicht verstehe, weshalb Laura ertrunken sei, da sie doch die Beste in ihren Schwimm- und Gymnastikkursen gewesen sei. Für Martin bricht eine Welt zusammen. Ungläubig und rasend fährt er in das Strandhaus, durchwühlt es von oben bis unten und findet ihren Ehering im Knie des Toilettenabflusses.

Laura hat sich inzwischen mit Ben näher angefreundet. Er konnte ihr sogar einen Job in der College-Bibliothek vermitteln, doch er hat sich auch in sie verliebt. Laura weist ihn ab, sie ist noch nicht bereit für einen neuen Mann. Dennoch fühlt sie sich immer glücklicher, wie sich an ihrem breiten Lachen able-

Neues Leben, neue Liebe. Mit Kevin Anderson

sen läßt. Doch die Vergangenheit läßt sie nicht los. Martin engagiert Privatdetektive, die Lauras seinem Wissen nach verstorbene Mutter Chloe (Elizabeth Lawrence) in einem Altersheim ausfindig machen. Er erfährt zu seiner Überraschung, daß

Laura offenbar die ganze Zeit ein Doppelleben geführt hat. Während sie ihm erzählt hatte, daß ihre Mutter gestorben sei, hatte sie in Wahrheit dafür gesorgt, daß diese in einem anderen Heim unterkommt.

Bens Charme und Verständnis für Lauras Zurückhaltung machen es dieser inzwischen leicht, sich auf ihn näher einzulassen. Gerne folgt sie ihm daher in den Requisitenfundus des College-Theaters. Ausgelassen beginnt sie zu tanzen, sich zu verkleiden. Wie befreit tanzt sie mit Ben Rock 'n' Roll, lacht ihr bezauberndes Lächeln, scheint ihre düstere Vergangenheit überwunden zu haben. Einem ersten Kuß folgt in ihrem Haus, noch auf der Treppe, Bens sexuelles Verlangen, doch Laura entzieht sich ihm erschreckt. Wieder bricht ihre Angst hervor, malt sich in ihrem Gesicht der Schrecken ihrer Ehe ab. Eine Szene, in der Julia Roberts das schauspielerisch vielleicht überzeugendste Moment des gesamten Films aufweist. Wie sie verletzlich, verängstigt, zitternd auf der Treppe steht, weint und sich entschuldigt für ihr Verhalten, das ist von ihr mit großer emotionaler Anteilnahme gespielt, was auf eine intensive Beschäftigung mit der Rolle schließen läßt. »Wenn ich ein Drehbuch lese, suche ich, so glaube ich, nach einer Kreuzung von Erregung und Furcht. Es ist mehr ein Instinkt und die Empfindung eines Gefühls als irgend etwas Spezifisches. Die Filme, die ich gemacht habe, hatten alle Drehbücher, bei deren Lektüre ich augenblicklich etwas verspürte, ein Gefühl der Verängstigung und Herausforderung, gerade genug, um zu fühlen, daß ich es lieber doch nicht machen möchte, aber ich merke, daß ich tief darin eintauchen muß.« (Iain Blair) Julia Roberts' Laura ist eine Frau, die Angst vor dem Leben hat, weil sie es nur als irdische Hölle kennengelernt hat. Sie hat auch Angst davor, nicht mehr zu jener jugendlichen Unbeschwertheit zurückzufinden, die ihr Ben vermittelt.

Aus dem Spaß im Kostümfundus ist eine Idee entstanden. Die Haare unter einer Kurzhaarperücke, ein Schnauzer und eine schwarze Lederjacke machen aus der fraulichen Laura einen

Immer bricht die Angst durch. Julia überzeugt als Schauspielerin in einem mittelmäßigen Thriller

linkischen Jungen. Solchermaßen verkleidet, besucht sie auf Anregung Bens ihre blinde Mutter, nach der sie sich so sehnt. Nicht ahnend, daß Martins teuflische Ahnungen ihn zur gleichen Zeit in das Heim führen. Während Laura von ihrer Mutter beruhigt wird, kommt Martin immer näher. Von ihren Gefühlen überwältigt, begeht Laura eine Unvorsichtigkeit und erzählt Chloe von ihren Empfindungen für Ben und ihrem neuen Leben in der Kleinstadt. Während draußen auf dem Gang vor dem Zimmer Martin eine Schwester dazu bringen kann, ihn in Zukunft sofort anzurufen, wenn eine junge Frau Chloe besuchen sollte, verschwindet Laura für einen Moment in Chloes Badezimmer. Da geht die Tür auf, und Martin wirft stumm einen Blick in den Raum. Er schließt die Tür wieder und bemerkt auf diese Weise nicht, daß Laura aus dem Bad kommt. Später, auf dem Korridor, begegnen sie sich beinahe, doch Laura kann entkommen. Sie hat nichts von Martins Anwesenheit gespürt, fühlt sich nach dem Besuch bei ihrer Mutter aber freier und endlich sicherer. Die Empfangsschwester erzählt derweil Martin, daß Chloe Besuch gehabt habe, von einem Jungen, ihrem angeblichen Neffen. Martin stürzt vor die Tür, aber Laura ist schon davon. Ihr Gefühl der Sicherheit erweist sich, das ist dem Zuschauer sofort klar, als trügerisch. Mit einem perfiden Trick entlockt Martin der blinden Mutter die Informationen über Lauras Aufenthalt. Er gibt sich als Polizist aus, der Laura vor ihrem verschwundenen, rachsüchtigen Ehemann warnen will, und setzt die Mutter unter einen psychologischen Druck, dem sie nicht mehr gewachsen ist. Sie gibt Lauras Adresse preis. Eine hereinkommende Krankenschwester verhindert, daß Martin Chloe umbringen kann.
Schnell hat er Ben und dadurch Laura ausfindig gemacht. Er beobachtet beide und folgt ihr dann unbemerkt ins Haus. Als Laura ins Bad kommt, erschrickt sie einen Augenblick. Denn es hat sich etwas geändert. Die Handtücher hängen wieder ordentlich in einer Reihe, so wie es Martin immer von ihr verlangt hat. Noch glaubt sie, dies vielleicht aus alter Gewohnheit

selbst getan zu haben, doch dann realisiert sie, daß etwas nicht stimmt. Das Wasser in ihrer Badewanne läuft über, und vor allem, als sie den Kassettenrekorder anschaltet, ertönt Berlioz' »Symphonie Fantastique«. Als sie dann auch noch die Konservendosen wieder in Reih und Glied angeordnet sieht, wird es ihr zur Gewißheit. Martin hat sie gefunden, steht plötzlich leibhaftig vor ihr, flüstert ihr bedrohlich zu, endlich seine Prinzessin wiederzuhaben. Sie bricht in Weinen und Zittern aus, die Angst beherrscht ihren Körper, der alle Kraft und Lebensfreude zu verlieren scheint. Als hätte er geahnt, ihr helfen zu müssen, taucht Ben plötzlich auf, wird aber von Martin brutal niedergeschlagen. Laura sieht jede Hoffnung schwinden, als Martin sich mit einer Pistole in der Hand zu ihr wendet und nahe an sie herankommt. »Niemand kann uns trennen«, droht er ihr in seiner typischen Art von brutaler Zärtlichkeit. Doch Laura hat sich geändert, ist nicht mehr gewillt, Opfer seiner Quälerei zu sein. Unvermittelt und für Martin überraschend tritt sie ihm mit dem Knie in den Unterleib und ergreift die fallende Pistole. Sie nimmt das Telefon und will die Polizei anrufen. Martin aber gibt sich nicht geschlagen, kommt ihr langsam immer näher, redet einschmeichelnd-drohend auf sie ein, und tatsächlich – Laura scheint seinem Einfluß nicht entkommen zu können. Doch ihre zitternde Schwäche täuscht. In Wahrheit erweist sich Laura als nunmehr willensstarke Persönlichkeit. Sie ruft die Polizei an und meldet ihr, gerade einen Einbrecher erschossen zu haben. Dann legt sie auf und erschießt ihren überraschten Mann. Doch der gibt immer noch nicht auf, hat noch einen Funken Leben und kann die Pistole greifen. Jetzt will er Laura erschießen, doch das Magazin ist leer. Kraftlos sinkt er zurück, während Laura zu dem immer noch bewußtlos daliegenden Ben eilt und ihn in ihre Arme nimmt.

Rubens ganz auf wirksame Großaufnahmen von Julia Roberts' Gesicht zugeschnittner Film zeigt einmal mehr, daß sie bei der Auswahl ihrer Rollen nicht immer eine glückliche Hand besitzt. Sicherlich, der frische Starruhm von *Pretty Woman* existierte

Entspannung in einer Drehpause vom Psycho-Streß

noch nicht, als sie die Rolle der Laura annahm, doch später muß ihr wohl bewußt geworden sein, daß *Sleeping With the Enemy* nicht zu den Meisterwerken des Genres gehört. »Nun, natürlich ist es ein stilisierter Film, ein bißchen überlebensgroß. Aber natürlich gibt es solche Geschichten auch im wirklichen Leben – Frauen, die von ihren Männern geschunden, geschlagen und erniedrigt werden.« (Gernot Gricksch) Der kommerzielle Erfolg des Films wurde von den meisten Kritikern allein der Mitwirkung von Julia Roberts zugeschrieben, obwohl deren Wandlung von der verschüchterten, dann aber doch willensstarken und cleveren Ehefrau überraschend und nicht ganz nachvollziehbar wirkt. Die Meinung der US-Kritiker besteht wohl zu Recht, denn der Film selbst ist alles andere als gelungen. Martins Aktionen etwa sind vorhersehbar, die Schockelemente ergeben sich allein aus der effekthascherischen Inszenierung, nicht aber aus der Geschichte, deren offensichtliche Lücken und Unglaubwürdigkeit (– für das Funktionieren eines Thrillers von unbedingter Notwendigkeit –) auch nicht mehr von dem engagierten Einsatz der Darsteller überspielt werden konnten. Patrick Bergin als finster dreinblickender Ehemann besitzt tatsächlich eine gewisse Dämonie, doch inszeniert Ruben dessen Auftritte allzu häufig als das Klischee vom bösen, dunklen Mann. Bergins Rolle ist psychologisch nicht ausgearbeitet, er bleibt schematisch, nicht aber furcheinflößend. Ruben gilt als Regisseur, der seine Schauspieler allein läßt.

Opferbereitschaft und Schutzbedürftigkeit

Dennoch ist der Film nicht ohne Spannung, wie sich Julia Roberts erinnert. »... bei der ersten Testvorführung von *Sleeping With the Enemy* habe ich bei einer Szene laut aufgeschrien. Eigentlich total albern – es war eine Szene, in der ich selbst spielte und genau wußte, was kommt. Und mein Kreischen hat dann wiederum Joe erschreckt. Wir waren alle fix und fertig. Ich liebe Thriller und Horrorfilme nicht – aber sie faszinieren mich doch.« (Gernot Gricksch) Eine Faszination, die sie mit vielen Kinogängern teilt, die Rubens Film indes nur äußerst selten erzeugt. Anklänge an erotische Psychothriller wie *Fatal Attraction* (1989; Eine verhängnisvolle Affäre; Regie: Adrian Lyne) sind dabei beabsichtigt, wirken aber aufgesetzt. »Kill him« soll das amerikanische Publikum geschrien haben, wenn Patrick Bergin der hübschen Julia Roberts allzu nahe rückt. Eine Mentalität, die sich auch in anderen Hollywood-Filmen aus dieser Zeit wiederfindet. Denn die Verbrecher und Psychopathen, von denen es in amerikanischen Filmen nur so wimmelt, gehören vornehmlich nicht in eine Anstalt, sondern liquidiert. Eine reaktionäre Ideologie als Antwort auf die Komplexität moderner Gesellschaften. Und Julia Roberts erscheint darin als Ausdruck vermeintlich reiner Werte, die immer nur abstrakt sein können und mehr Wunsch als Realität sind. Sie ist so etwas wie die Jungfrau Hollywoods. Zwar sexy, aber unberührt. *Sleeping With the Enemy* zeigt, daß jeder, der diesen Wert bedroht, mit dem Tode bestraft werden muß. »Sie ist ein zutiefst unsicherer Mensch«, will die amerikanische Psychologin Joyce Roberts (nicht verwandt) durch die Auswertung von Fernsehaufnahmen herausgefunden haben. »Ihre Art zu sprechen, ihr Benehmen, ihre Körpersprache – alles deutet an, daß sie geliebt werden möchte. Julia Roberts hat die Qualitäten des kleinen, verlorenen Mädchens. Diese Verwundbarkeit weckt in uns allen Protektionsgefühle.« (K. Brettschneider/Rainer Stiller) Doch es sind gerade diese Protektionsgefühle, die die Frauenfiguren, die Julia Roberts spielt, einem antiemanzipatorischen Konzept unterordnen. Die Erschießung Martins in Rubens Thriller dient allein der Notwehr. Trost und Schutz sucht Laura bei dem am Boden liegenden Ben. Nur über den Mann, das zeigt die Geschichte dieses Films, kann sich die Frau verwirklichen. Es muß eben nur der richtige sein.

Ungewöhnlich für eine Schauspielerin ist bei Julia Roberts das Bedürfnis nach emotionalem Schutz. »Es scheint, als habe sie die vorstellbar dünnste Haut«, erkannte Joseph Ruben. »Es gibt bei ihr eine Verletzlichkeit, die einen umhaut. Zwei Sachen hat sie. Zum einen geschieht fotografisch etwas mit ihr, diese Star-Qualität, von der man hört. Und dann die emotionale Verletzlichkeit, die einen all das sehen und fühlen läßt, was in ihr vorgeht. Beides zusammen – bam.« (Steven Pond)

Für Julia ist die Atmosphäre bei den Dreharbeiten von großer Bedeutung. Sie benötigt eine Verbindung zum Team, zum Regisseur oder den Schauspielern. Kein Wunder, daß sie sich in die Hälfte ihrer bisherigen Partner verliebt hat. »Es war in Chicago«, erzählte sie dem Journalisten und Musiker Robert Palmer über die Dreharbeiten von *Flatliners*. »Wir hatten gerade angefangen zu drehen, und ich kannte niemanden. Wir drehten nachts, und es war richtig kalt. Ich mußte nur etwas sehr Einfa-

Schutz vor emotionaler Belastung beim väterlichen Freund Joel Schumacher, während der Dreharbeiten zu ›Dying Young‹ (Entscheidung aus Liebe)

ches machen, diese Stufen hinaufrennen und nach der Figur suchen, die Kiefer spielte. Ich fing an, mit Joel zu reden, und fragte ihn: ›Wie bin ich hierhin gekommen, habe ich den Bus genommen?‹ ›Nein‹, sagte er, ›du bist gerannt.‹ Ich überlegte, wie lange es gedauert hätte, hierhin zu rennen, und bemerkte ganz plötzlich, wie aufgeregt eine solche Situation sein würde. Ich renne und mußte dorthin kommen aus wenigstens zehn Gründen – der wichtigste wäre, Kiefers Leben zu retten, der unwichtigste, ihm zu bestätigen, daß alles in Ordnung und er mein Freund sei. Ich gelange also in meinen Gedanken an jene Stelle, wo ich wirklich heftig atme, und ich sage zu Joel: ›Ist Kiefer hier?‹ ›Ja, er ist in seinem Wagen.‹ ›Also‹, sagte ich, ›ich muß ihn dringend sehen‹, und Kiefer kommt heraus, er weiß nicht, was ich mache, er weiß nicht einmal, wer ich bin. Er kam heraus, und ich dresche auf ihn ein, zerre an seinem Hemd und brauchte ihn nicht dazu, daß er etwas sagt. Ich brauchte ihn einfach da, als Person. Ich erinnere mich, wie wir drei in der Kälte standen und wie ich die Unterstützung von Kiefer und Joel fühlte. Deshalb machst du einen Film, wegen der Unterstützung, um wie eine Familie zu sein. Man kann nicht mehr verlangen als solche Nächte – unbegreifliche Nächte.« (Robert Palmer) Mit Joel Schumacher verbindet Julia Roberts ein besonders enges Verhältnis, er ist ihr bevorzugter Regisseur. »Wir haben beide eine sehr freie Art, das auszudrücken, was wir fühlen. Und bei unserem ersten Treffen habe ich sofort eine große Anregung gespürt, fast ein Frohlocken, bei dem Gedanken, mit Joel zu arbeiten. Es ist wahr, daß seit den ersten Drehtagen zu *Flatliners* die Dinge sich sehr natürlich entwickelt haben, ohne daß wir sie jemals hätten erzwingen müssen. Ich habe den Eindruck, daß Joel genau weiß, wie ich funktioniere.« (Christophe d'Yvoire) Tatsächlich war es Julia Roberts, die Schumacher als Regisseur des Films *Dying Young* vorschlug, nachdem sie selbst von der Produzentin Sally Field für die Hauptrolle ausersehen worden war. »Das Drehbuch war großartig, aber zur gleichen Zeit fürchterlich dramatisch«, so Julia Roberts während der Dreharbeiten. »Bei der Lektüre des Drehbuchs war ich erschüttert und hatte große Lust, diese Rolle zu interpretieren. Aber heute bin ich mir nicht sicher, ob ich diesen Film gemacht hätte, wenn Joel nicht interessiert gewesen wäre.« (Christophe d'Yvoire)

Mißverständnisse und Vertrauen

Für die zweifache »Oscar«-Gewinnerin Sally Field, die 1983 mit Kevin McCormick die Produktionsfirma Fogwood Films gegründet hatte, um mehr künstlerische Kontrolle über ihre eigenen Projekte zu erlangen, war die Besetzungsfrage der Hilary O'Neil beantwortet, nachdem sie Julia Roberts bei den Dreharbeiten zu *Steel Magnolias* kennengelernt hatte. Es traf sich für sie hervorragend, daß ihre Hauptdarstellerin durch *Pretty Woman* zum Weltstar geworden war und Schumachers *Flatliners* immerhin etwa sechzig Millionen Dollar in den USA eingespielt hatte. Was also sollte da schiefgehen? Zumal die beschützenswerte Julia in einem tragisch-romantischen Liebesfilm mitwirken sollte. Es ging, wie sich beim Kinostart von *Dying Young* herausstellte, eine Menge daneben. Der Film fiel nämlich durch.

Als Hilary vom Einkaufen in ihre Wohnung zurückkehrt, überrascht sie dort ihren Freund im Bett mit einer anderen. Wütend und verletzt verläßt sie den Jungen, wirft ihm nur noch die Schlüssel vor die Füße. Ohne Wohnung und Geld zieht sie zu ihrer Mutter (Ellen Burstin), die ihr Vorhaltungen macht. »Bei ihm mußtest du wenigstens nicht arbeiten«, meint sie und erntet von ihrer Tochter einen vorwurfsvollen Blick. In der Zeitung stößt Hilary auf eine Stellenanzeige, eine Krankenschwester wird da gesucht. Sie beschließt, sich zu bewerben.

Ein Bus hält, die Tür öffnet sich, und heraus kommen unendlich lange Beine, von der Kamera des Spaniers Juan Ruiz Anchia mit Wohlwollen ins Bild gerückt. Wie auch das hautenge, knallrote Kostüm mit Minirock. Unsicher stöckelt Hilary in die pompöse Villa von Richard Geddes (David Selby), der für seinen an Leukämie erkrankten Sohn Victor (Campbell Scott) eine Krankenschwester sucht. Nach einem Blick auf ihren Rock und ihre Beine ist für Geddes klar, daß sie nicht in Frage kommt. Anders denkt dagegen sein Sohn, dessen Blick durch einen Türspalt ebenfalls auf ihre Beine fällt. Als die über die

Immer wieder die Beine, lang und Blickfang

schroffe Ablehnung wütende Hilary davonstöckelt, schickt Victor ihr den Butler hinterher und läßt sie in sein Kellerreich bringen. In der dunklen, in Schwarz gehaltenen, hypermodernen, aber eiskalten Yuppiewohnung, in der sich Victor vor der Welt versteckt, haben die beiden ein Gespräch. Hilary schildert ihren Lebenslauf, eine Ansammlung von Enttäuschungen und Versagen. Als Victor sie dennoch engagiert, gegen den Willen seines Vaters, kennt sie sogleich den Grund. »Schon klar, ich hatte den kürzesten Rock«, sagt sie resigniert lächelnd. Ihre Beine waren ihr irgendwie schon immer im Weg, verstellten den Blick auf ihre Persönlichkeit.
Die kann erst richtig in der Arbeit für Victor zur Geltung kommen. Sie zieht zu ihm in ein Zimmer seiner Wohnung, weist ihn aber sogleich in seine Schranken. Dann erlebt sie zum ersten Male die Chemotherapie und ihre Folgen. Ruhig, betroffen vom Schicksal anderer Krebspatienten, wartet sie auf Victor. Die süßliche Musik und ihr mitleidiger Blick auf eine fremde Welt werden durch einen harten Schnitt unterbrochen. Kaum zu Hause eingetroffen, stürzt Victor zur Toilette, übergibt sich. Hilary hetzt durch die Wohnung, versorgt ihn mit Lappen, Decken und hält ihn fest. Als er später schläft und sie seine Kindheitsbilder anschaut, beginnt sie zu weinen, packt ihre Sachen und möchte fort. In einem Telefonat mit ihrer Freundin zweifelt sie an sich selbst, an ihrer Stärke, ihm zu helfen. Sie hat Angst, es nicht zu schaffen. Doch sie bleibt. Am nächsten Tag hat sich Victor erholt. Hilary macht ihm etwas zu essen, erhält von ihm eine kurze Einführung in Kunstgeschichte. Bilder von Klimt und Rossetti, auf denen rothaarige Frauen, jeweils die Modelle und Ehefrauen der Maler, zu erkennen sind. Hilary ist ungebildet, einfach. Bei Van Gogh fallen ihr wenigstens Blumen ein.
Der Name des Malers taucht vermutlich deshalb auf, weil Julia Roberts ein besonderes Verhältnis zu ihm hat. Sie und ihr Bruder Eric wurden häufiger mit Van Gogh und Picasso verglichen, nachdem Julia Roberts eine entsprechende Äußerung gemacht

hatte. »Was ich sagen wollte, ist, daß die Leute immer so interessiert sind, mich mit Eric zu vergleichen, einfach, weil er ein Mann ist und ich eine Frau und wir Geschwister sind. Komplizierter ist, daß, nur weil wir beide den Nachnamen Roberts haben, das nicht bedeutet, daß wir Projekte in derselben Weise angehen. Es stimmt, daß die Namen Picasso und Van Gogh mir in den Kopf kamen, weil Eric Picasso immer mochte und Van Gogh vielleicht mein Lieblingskünstler ist. Aber was ich sagte, war, uns zu vergleichen, wäre wie Picasso mit Van Gogh zu vergleichen – beides sind Maler, aber ungeheuer verschieden, und wir beide sind Schauspieler, aber völlig anders.« (Robert Palmer) Nachdem Hilary nun fest entschlossen ist, bei Victor zu bleiben, beginnt sie, sich in der Bibliothek über seine Krankheit zu informieren. Sie stellt seine Ernährung auf makrobiotisch um, die aufopfernde, anstrengende Pflege nach der aggressiven Chemotherapie wird zum Alltag. Julia Roberts wirkt jetzt wie eine Madonna – einmal läuft bei der Haarpflege ein Madonna-Song im Radio -, strahlend schön und mit dem großen Herzen einer Samariterin. So läßt sie sich, zögernd, von Victor zum Essen in ein vornehmes Luxusrestaurant einladen, in dem sich Hilary ebenso unwohl und unsicher fühlt wie seinerzeit Vivian in einer ähnlichen Szene. Sie schlägt ihm vor, doch einmal das richtige Leben kennenzulernen, in einer Disco. Dort entledigt sich Hilary ihrer überflüssigen Kleider und tanzt ekstatisch. Victor schaut ihr fasziniert zu, wie wohl auch die Mehrheit der meisten männlichen Zuschauer, für deren voyeuristisches Interesse diese Szene gedreht worden zu sein scheint. Doch Victor hat keinen Spaß an der Disco. So verbringen die beiden den restlichen Abend zu Hause und tanzen zu einem romantischen Liebeslied. Als Victor Anstalten macht, sich ein wenig mehr an sie zu schmiegen, unterbricht Hilary. So weit möchte sie es nicht kommen lassen. Victor sagt, seine Therapie sei beendet, und lädt sie zu einer Reise in den Norden Kaliforniens ein. Hilary ist skeptisch und überrascht über das plötzliche Ende der Behandlung, willigt dann aber doch ein.

Die Natürlichkeit der Provinzschönheit

Sie hat ein altes, lilafarbenes Cadillac-Cabrio gekauft. Übermütig scherzend fahren sie Richtung Mendocino, Hilary nennt das Lebensfreude und bringt Victor sogar das Autofahren bei. In Mendocino mieten sie ein Haus direkt an der Küste (eigens für den Film gebaut). Rot leuchten Hilarys Haare im Sonnenuntergang. Die Freude an der Freiheit wird getrübt, als Hilary Morphiumampullen entdeckt, die zu benötigen Victor indes verneint. Später fällt Victors Blick durch einen Türspalt (zuvor geschlossen) auf Hilarys entblößte Schulter und eine Tätowierung (eine echte). Einmal mehr wird deutlich, daß Regisseur Schumacher sich nicht um inszenatorische Fehler kümmert, wenn er seinen Star ins rechte Licht rücken kann. Es ist dies eine Szene, die ebensowenig dramaturgischen Sinn hat wie der Tanz in der Disco. »Joels große Qualität ist seine Fähigkeit, dich davon zu überzeugen, daß du all das machen kannst, worauf du Lust hast«, erklärte Julia Roberts zu Schumachers Regiestil. »Er versteht es, dich in einen Zustand zu versetzen, in dem du dich völlig verstanden fühlst. Joel besitzt diese seltene Gabe, er weiß dir Mut zu machen.« (Christophe d'Yvoire)

Präraffaelitische Schönheit

Später gehen Hilary und Victor in die Dorfkneipe, lernen dort Gordon (Vincent D'Onofrio, schon in *Mystic Pizza* Julias Partner) und dessen Freunde kennen. Schnell finden sie Anschluß, werden akzeptiert. In der Nacht erlaubt Hilary Victor, zu ihr ins Bett zu kommen, weil er zitternd vor ihr steht und nicht schlafen kann. Ihr Leben in Mendocino normalisiert sich. Immer mehr wirken sie wie ein Liebespaar, ohne sich ihrer Gefühle bewußt zu sein. Im abendlichroten Gegenlicht blickt Victor auf seine schöne Begleiterin, die sich so perfekt einfügt in die romantisch-wilde Landschaft wie die ätherische Rothaarige in die präraffaelitischen Bildkompositionen Rossettis, dessen einziges künstlerisches Ziel später war, die Schönheit der Frau zu feiern. Victor macht ihr den Vorschlag, ihr ein wenig Bildung zu vermitteln, wenn sie ihn das Leben lehrt. Seine Haare beginnen zu wachsen, die Freundschaft zu Gordon entwickelt sich, Szenen voller Zweisamkeit. Bis Hilary sagt, jetzt gehen zu wollen. Sie spürt die emotionale Nähe und möchte aufhören, bevor es zu spät ist. Jetzt, da Victor keine Krankenschwester mehr brauche, wolle sie auch nicht mehr bezahlt werden. Noch in derselben Nacht kommt Victor zu ihr ins Bett. Nicht weil er keinen

Schlaf findet, sondern weil er die Initiative in ihrer Beziehung ergreifen wird. Hilary setzt ihm keinerlei Widerstände entgegen, als er sie zu liebkosen beginnt. Die Musik schwillt an, das Paar findet sich. Es war nur ein Mißverständnis. Natürlich wollte Hilary ihn nicht verlassen, sie wollte nur nicht mehr bezahlt werden. Victor ist bewegt, schenkt ihr sein Herz. Ihr Glück ist strahlend; geküßt wird immer nur im Gegenlicht. Schumacher inszeniert die Geschichte, die auf einem Roman von Marti Leimbach (deutscher Titel: »Wen die Götter lieben«) beruht, in ihrer gegen Ende hin zunehmenden Tragik als eine Ansammlung sentimentaler Nichtigkeiten, die sich zum reinen Kitsch entwickelt. Unterstützt von der sanften, schmeichelnden Musik von James Newton Howard, der auch in *Pretty Woman* und *Flatliners* die richtigen Töne für Julia Roberts gefunden hatte, gestaltet Schumacher deren Auftritte als eine Aneinanderreihung von Aufnahmen, die aus Seifen-, Shampoo- oder ähnlicher Werbung stammen könnten. In den Szenen, die das Glück des verliebten Paares zeigen, erweist sich Schumacher als der größte Verehrer seines Stars, dem er keinerlei schauspielerische Leistung mehr abverlangt und den ins rechte Licht zu rücken seine einzige Aufgabe scheint.

Victor und Hilary fahren Gordon, der ihnen tags zuvor einen alten Fernseher geschenkt und einige kleine Reparaturen im Haus ausgeführt hat, auf dem Weingut seiner Mutter Estelle (Colleen Dewhurst) besuchen und lernen bei dieser Gelegenheit in ihr eine kluge, tatkräftige Frau kennen. Ein großes Essen unter freiem Himmel macht das Glück von Hilary und Victor vollkommen. Ihr explodierendes Lachen wirkt geradezu ansteckend in seiner Lebensfreude. Doch Estelle merkt instinktiv, daß dieses Glück unter einer Bedrohung leidet. Victors Interesse wird von einem Labyrinth geweckt, das sich auf dem Grundstück befindet und in dessen Mitte Estelle ihre drei verstorbenen Ehemänner begraben hat. Beim Einkauf im örtlichen Lebensmittelladen entdeckt Hilary dann Schweißperlen auf seinem Gesicht. Sorge breitet sich in ihren Zügen aus, denn sie liebt ihn, auch wenn sie es nicht zugeben will. Bei einem weiteren Besuch auf dem Weingut liest Estelle ihnen ihr Schicksal aus den Teeblättern. Großes Glück prophezeit sie Hilary, deren Blick zu Victor wandert. Estelle aber verstummt, als sie dessen Schicksal voraussagen möchte. Victor meistert die Situation und sagt sich selbst eine rosige Zukunft voraus. Dann geht er ins Labyrinth, wettet mit Gordon, in einer bestimmten Zeit die Gräber und den Weg heraus zu finden. Hilary ist beunruhigt von seiner plötzlich aufgedrehten Stimmung und stürzt ihm angstvoll nach. Victor findet die Gräber, bricht symbolvoll vor Schmerz auf ihnen zusammen. Bevor Hilary ihn findet, ist er aber wieder auf den Beinen. Doch heimlich nimmt er jetzt nachts Morphium. Noch sind die Symptome seiner erneut ausbrechenden Krankheit nicht erkennbar, jedenfalls nicht für Hilary, die von ihren Gefühlen bestimmt wird und »blind vor Liebe« ist. Eines Nachts dann, als Hilary mit ihm Sex haben möchte und Victor sich verweigert, ihr sogar ihre direkte Anmache vorwirft, kommt es zum Streit. Kurze Zeit später sucht Victor die Versöhnung. Er sagt ihr aber nicht den wahren Grund für sein Verhalten.

Weihnachten steht bevor. Das Jahr wird zu Ende gehen, und Victor weiß, daß auch sein Leben dem Ende entgegenstreben wird. Am Heiligabend, an dem Gordon bei ihnen zu Besuch ist, kommt die Wahrheit ans Licht. Schon zuvor hatte Hilary herausgefunden, daß Victors Vater nichts von ihrem Aufenthalt weiß. Beim Dinner dann beginnt Victor, sich merkwürdig provokant zu verhalten. Sie spielen ein TV-Quiz nach, Victor stellt die Fragen und gibt sogleich die Antworten. Hilarys Festtagsstimmung ist gründlich verdorben. Sie weiß, die Krankheit ist wieder ausgebrochen, Victor ist verzweifelt. Dann bricht Victor zusammen. Hilary entdeckt, daß er schon seit geraumer Zeit Morphium genommen haben muß. Gekränkt und enttäuscht darüber, daß er sie nicht ins Vertrauen gezogen hat, möchte sie sofort mit ihm in die Klinik zurückfahren. Victor gesteht ihr, daß er seine Therapie damals in Wahrheit abgebrochen habe,

Noch ist das Glück ungetrübt, und Julia bricht alle Herzen. Mit Campbell Scott

um mit ihr zusammensein zu können. Als er fragt, ob sie ihn liebe, antwortet sie ausweichend. Außerdem ist sie wütend, weil Victor nicht mehr ins Krankenhaus möchte, weil sie sich von ihm betrogen und benutzt fühlt, in ihren Gefühlen mißbraucht. Zudem möchte sie nicht mit ansehen, wie er seinen eigenen Tod in Kauf nimmt. Hilary verläßt Victor, die Augen voller Tränen. Sie ruft weinend seinen Vater an, denn natürlich liebt sie Victor und empfindet ihren Anruf als Verrat. Ein Konflikt, in dem sie zwischen ihren Gefühlen der Liebe und ihrer Sorgfaltspflicht unentschieden ist.

Während Hilary bei Estelle Unterschlupf findet, kommt es zu einer Aussprache zwischen Vater und Sohn. Victor willigt ein, in die Klinik zurückzukehren, in die ihn sein Vater bringen will,

Regisseur Joel Schumacher mit seinen Stars Julia Roberts und Campbell Scott bei den Dreharbeiten zu ›Dying Young‹ (Entscheidung aus Liebe)

denn auch für ihn ist Victor das einzige im Leben, für das er zu sorgen hat. Deshalb ist er auch bereit, mit seinem Sohn auf Estelles Neujahrsparty zu gehen. Ein letztes Mal will Victor seine Hilary dort sehen. Die holt sich derweil bei der dreifachen

Witwe den Rat, ebenfalls auf die Party zu kommen. Mit hochgesteckten Haaren, einem hellrosafarbenen, weit ausgeschnittenen Abendkleid, eingetaucht in warmes, rötliches Licht und weichgezeichnet, erscheint Julia Roberts als Hilary wie ein überirdisches Wesen. Ein Spot hebt sie aus der Menge der Tanzenden heraus. Suchend schaut sie nach Victor, kann ihn nicht entdecken. Erst als die Melodie jenes alten Liebesliedes erklingt, zu dem sie seinerzeit in seinem Apartment das erstemal gemeinsam getanzt haben, weiß sie, daß er anwesend sein muß, und macht sich auf die Suche. Als sie ihn gefunden hat, ist sie froh zu hören, daß er in die Klinik zurückgeht. Sie verspricht, ihn dort zu besuchen, denn auch sie will zurückfahren und nicht etwa bei Gordon bleiben, wie Victor denkt. Ihr Abschied ist kurz und ohne große Gefühle. Als Hilary dann Victors Vater auf der Party sieht und von ihm erfährt, daß sie erst am nächsten Tag fahren werden, weiß Hilary, was zu tun ist. Sie fährt zu ihrem Haus, in dem sie so viele schöne Stunden verbracht haben. Natürlich ist Victor dort, bereit, ein weiteres Mal zu verschwinden. Sie wirft ihm Feigheit vor, möchte einfach nicht zulassen, daß er aufgibt. Erst als Victor seine Angst eingesteht, die Angst vor der Hoffnung, die Hilary ihm vermittelt, steht ihr Entschluß fest. Jetzt kann sie ihre ganze Stärke, an der sie bislang gezweifelt hatte, beweisen. Denn natürlich liebt sie Victor, und dieser soll jetzt für sie beide kämpfen. Sie wird bei ihm bleiben. Für immer. Auch wenn er sterben sollte. Noch einmal schlafen sie zusammen. In der anbrechenden Morgendämmerung verlassen sie gemeinsam das Haus, bereit, ihr Schicksal zu meistern. Die Musik schwillt an und läßt die Hoffnung zu.
Eine Hoffnung, die sich in einer berühmteren Liebesschnulze nicht fand. *Love Story* (1970; Regie: Arthur Hiller) ließ seine Protagonistin am Ende sterben und sorgte damit für einen erheblichen höheren Taschentuchverbrauch als Schumachers Film, dessen aseptische Atmosphäre und allzu einfach konstruierte Geschichte jegliches Interesse nachhaltig enttäuschen. Denn nicht einmal in der Tragödie ist sein Film konsequent.

Konsequenz beweist er nur in der Hartnäckigkeit, mit der er auf seinen Erfolgsgaranten Julia Roberts setzt, deren natürlich wirkende Schönheit in der wilden, romantischen Landschaft Nordkaliforniens eine ideale Projektionsfläche fand. Joel Schumacher zeigte sich dabei offenbar nicht sonderlich interessiert, seine Lieblingsschauspielerin darstellerisch überhaupt zu fordern. Ihre Ausdruckspalette reicht zwar von Lachen bis Weinen, doch ohne irgendwelche Zwischenstufen oder Schattierungen. Dabei hatte sie schon bewiesen, daß sie auch als Schauspielerin überzeugen kann.

Krisen und Hoffnungen

In *Dying Young* scheint es, als sei die Darstellerin nicht mehr gefragt, sondern nur der Star. »Ich glaube nicht, daß der Erfolg die Leute verwandelt, er betont nur ihre Natur«, so Schumacher über Julia Roberts. »Das ist Julia widerfahren. Sie ist heute viel erwachsener, viel schöner, viel vertrauensvoller. Ihr Erfolg hat ihr nur gedient.« (Christophe d'Yvoire) Dabei müßte Joel Schumacher wissen, daß Julia Roberts einzigartig ist und Besseres verdient hätte als einen Film, der ihre Qualitäten und Fähigkeiten reduziert auf reine Äußerlichkeiten. »Sie ist ein Original, in einer Kategorie ganz für sich, was vielleicht erklärt, weshalb sie so schnell die Aufmerksamkeit eines jeden auf sich zog«, charakterisiert der Regisseur seinen Star, der ein Glücksfall für die eigene Karriere ist. »Sie ist eine brillante Schauspielerin – ihre Präsenz erleuchtet einen Raum, doch da gibt es diese *herrlichen* Widersprüche. Sie ist nicht wirklich ein Sexsymbol, aber sie ist *sehr* sexy. Sie hat ein großartiges Gefühl für komisches Timing, aber sie kann dich auch zum Weinen bringen. Sie scheint manchmal sehr weise für ihr Alter, doch dabei völlig arglos, anspruchslos. Die Leute auf dem Set sind völlig verrückt nach ihr.« (Robert Palmer) Julia Roberts, die sich selbst kokett jene Attribute nicht zugestehen will, um derentwegen sie von Regisseuren und Zuschauern geliebt wird, die ihren Mund als zu groß, ihre Beine als zu dünn, ihr Becken als zu breit und ihre Brüste als zu klein bezeichnet, möchte dabei nicht viel mehr sein als das, was sie ist – eine junge Frau, die sich amüsieren und vor allem viel lachen möchte. Die ihr Privatleben als unwichtig erachtet für die Öffentlichkeit und die daran arbeitet, als Schauspielerin ernst genommen zu werden. Denn Julia Roberts, der Star, leidet unter der Identifizierung der eigenen Persönlichkeit mit den zu spielenden Rollen durch das Publikum. Die Glaubhaftigkeit ihrer Darstellung wird in Frage gestellt durch die vorgebliche Nähe zur eigenen Person. Für eine Schauspielerin, die nach Anerkennung strebt, ist dies eine schwierige Erkenntnis. Doch ihre Versuche, sich darstellerisch zu beweisen, werden so lange scheitern müssen, wie Regisseure ihr Rollen anbieten – und sie selbst deren Annahme entscheidet –, die zuwenig Distanz zu der Person Julia Roberts besitzen. Rollen, die von ihrer Ausstrahlung leben und dabei die Schauspielerin unterfordern. Dabei bedeutet ihr Filmemachen sehr viel und ist ihr Engagement unmittelbar. »Man macht einen Film, um sich wie in einer Familie zu fühlen ... Um gut zu spielen, braucht man eine gewisse moralische Unterstützung um sich herum. Ganz gleich, ob die Rolle komisch ist oder dramatisch, man gibt einen Teil seiner selbst preis, und es gibt immer das Risiko, daß jemand nicht lacht in einem Moment, wo du komisch zu sein versuchst, und umgekehrt. Du gibst dich zwölf Stunden am Tag völlig preis vor fünfzig Fremden, und das kann dir ein Gefühl der Unbehaglichkeit geben. Du mußt wissen, daß du Risiken eingehst und daß das nicht leicht ist. Es gibt Szenen, in denen man sich zerbrechlich fühlt, und ich weiß nicht, warum ich sie so machen soll, wenn sie mich nicht berühren.« (Christine Haas) Offensichtlich hatte Joel Schumacher ihr keine Gründe genannt, weshalb Julia Roberts in der Rolle der Hilary O'Neil die bislang schwächste Darstellung ihrer Karriere lieferte. Zwar ist die gesamte Story auf sie zugeschnitten, doch trotz aller Farbigkeit der Bilder bleibt ihre Figur merkwürdig blaß.

Kindliche Unschuld

Mit gut einer Million Zuschauern zählte der Film 1991 in Deutschland zu den erfolgreichsten, was den kommerziellen Mißerfolg in den USA aber nicht wettmachte. Julia in der Krise, titelten dort die Illustrierten und Magazine, konnten indes nicht verhindern, daß ihr Marktwert weiter stieg. Auf inzwischen etwa fünf Millionen Dollar pro Film, wie für die wohl sichere Fortsetzung von *Pretty Woman*, dessen Erfolg absehbar, planbar ist. Julia Roberts heißt der Garant dieses möglichen Erfolges, denn sie hat, wie Joel Schumacher charakterisierte, »Humor und Sinnlichkeit und erotisches Charisma. Sie kombiniert ladylike und sexy, schüchtern und süß, arglos und doch klug« (Max, 6/91). In der Filmindustrie kann ihr Name Berge versetzen, ist ihr Lächeln Millionen wert. »Ich höre, wie die Leute über mich als ›Investition‹ oder ›Wert‹ sprechen«, wehrt sie sich, »aber ich bin Julia, die Tochter von jemandem, die Schwester von jemandem, die Verlobte von jemandem. Wenn man sich jemandem schenkt, ist die Dankbarkeit sofort da: ein Lächeln, eine Geste ... Sich dem Kino zu verschreiben aber ist, sich einer Maschine auszuliefern. Das scheint so leer, man verliert den Schlaf, man hat es schwer, zurückzufinden, und die Dankbarkeit kommt erst sehr viel später ... Ich betrachte mich als Person und nicht als irgendeine Sache.« (Christine Haas) Sicherlich ist es ihrem Charme zu verdanken, ihrer kindlichen Unschuld, daß Steven Spielberg für sein bislang teuerstes Projekt Julia Roberts engagierte. Doch ihre Besetzung ist eben auch knallhartes Marketing-Kalkül.
Mehr als siebzig Millionen Dollar ließ sich der japanische Elektronikgigant Sony die Verfilmung einer neuzeitlichen Peter-Pan-Geschichte kosten. Sony hat in einem revolutionären Deal die Columbia-Studios aufgekauft und muß jetzt sein Investment wieder erwirtschaften. Die ursprünglich veranschlagten Kosten für den Film *Hook* lagen bei vielleicht fünfundvierzig Millionen Dollar, eine immer noch große Summe, angesichts

Das millionenwerte Lächeln auf der Fahrt ins Studio, in die Kulissen von Steven Spielbergs ›Hook‹

des baulichen und tricktechnischen Aufwands aber eher bescheiden. Doch recht schnell stiegen die Produktionskosten auf siebzig Millionen, möglicherweise gar mehr, und verdeutlichen das Dilemma Hollywoods. Rechnet man Werbekosten von vielleicht dreißig Millionen Dollar dazu und bedenkt, daß ein Film wenigstens das Dreifache seiner Kosten einspielen muß, wird das Risiko der Japaner deutlich. Mit Steven Spielberg aber hatte man einen Spezialisten für Erfolgsfilme unter Vertrag, auch wenn die Bilanz seiner letzten Filme eher mager ausgefallen war. Den Rest müssen daher die Stars einspielen. Dustin Hoffman, Robin Williams und eben auch Julia Roberts. Ein jeder für eine andere Generation von Kinogängern. Ein jeder aber auch prozentual am Einspielergebnis beteiligt. Nach neun Wochen hatte *Hook* bereits mehr als hundertzwölf Millionen Dollar eingespielt, indes immer noch zuwenig, um schwarze Zahlen für das Studio zu schreiben. Dennoch erscheint der Film als ein Kalkül, das aufzugehen scheint.

Die Dreharbeiten fielen zusammen mit Julias abgesagter Hochzeit und den Gerüchten von ihrer Nervenkrise. Angeblich habe sie Steven Spielberg beinahe versetzt, wollten manche Zeitungen wissen, die dann auch kolportierten, die Crew habe den Star in Anlehnung an die Rolle der Tinkerbell »Tinkerhell« genannt. Die Dreharbeiten verliefen jedenfalls unter besonderen Bedingungen. Die schwierige Technik stellte alle Beteiligten hart auf die Probe und erzeugte einige Frustrationen. Doch wenn die Kamera lief, waren alle Professionals. »Ich glaube«, äußerte sich Steven Spielberg, »es war eine unfaire Erfahrung, denn Julia machte möglicherweise eine ihrer härtesten Zeiten in ihrem Leben durch, und es war für uns alle einfach eine schlechte zeitliche Planung, daß sie an diesem Tiefpunkt mit *Hook* anfing ... Wenn sie persönliche Probleme hat, beschäftigt sie das in erster Linie, wie es wohl auch mich beschäftigen würde. Aber ihre Darstellung ist großartig; trotz all ihrer persönlichen Inanspruchnahme, macht sie den Film stolz. Wenn die Kameras liefen, wurde sie Tinkerbell. Und wenn ich Cut sagte, wurde sie wieder Julia Roberts. Ich glaube nicht, daß sie noch eine Sekunde lang Tinkerbell war, nachdem ich Cut sagte.« (Fred Schruers, Premiere) Für Julia Roberts bedeutete die Rolle der Tinkerbell, der guten Fee, die Peter Pan zurück ins Nimmerland holt, einen höchst ungewöhnlichen Auftritt. Kurz, aber auch sehr klein. Gerade mal ein paar Zentimeter groß ist diese fliegende Fee, mehr Barbarella-Püppchen als wirkliche Figur. »Ich glaube nicht, daß man eine Figur darstellen könnte ohne das geringste Verständnis von ihr. Tinkerbell ist jemand sehr Verspieltes, eine die das Leben liebt, die eine große Energie besitzt und Sinn für einen sehr spitzen Humor. (...) Mich hat die Idee motiviert, etwas speziell für Kinder und ihre Eltern zu machen. Heutzutage gibt es zu viele Filme, die man nicht mehr mit der Familie sehen kann.« (Jean-Paul Chaillet) Um der Tinkerbell die richtige Größe zu verleihen, mußte sich Julia Roberts einem besonders aufwendigen Herstellungsprozeß unterwerfen. Inmitten einer komplizierten Blue-

Steven Spielberg vor dem Monitor, umgeben von seinen Stars Julia Roberts und Robin Williams. Das Ergebnis scheint Spaß zu machen

Selbst bei der Miniaturfee Tinkerbell sorgen Julias lange Beine für die jugendfreie Erotik im Spielbergschen Kinderfilm

Screen-Technik war sie ganz allein, ohne schauspielerische Partner, angewiesen auf die Führung durch den Regisseur und ihre eigene Phantasie. In einer Art Lumpenkostüm zudem, mit einer Kurzhaarperücke und »Mr. Spock«-Ohren. Bei dem Aufnahmeverfahren werden später, im Kopierwerk, Julias Einstellungen mit denen der anderen Szenen kombiniert, an unsichtbaren Drähten hängend, fliegt sie vor einer kahlen, blauen Wand, doch der Zuschauer sieht sie im Kino später durch die Lüfte flattern.

Als Tinkerbell hat sie die Aufgabe, den Rechtsanwalt Peter Banning (Robin Williams) zurück ins Nimmerland zu bringen und ihn daran zu erinnern, daß er früher einmal Peter Pan war. Sein größter Gegner damals war der Piratenkapitän Hook (Dustin Hoffman), dem er eine Hand abgehackt hatte und der seitdem mit seinem Haken (Hook) auf Rache sinnt. Deshalb entführt Hook Peters Kinder aus Wendys (Maggie Smith) Londoner Wohnung auf sein Boot. Wendy hatte früher das Nimmerland verlassen, im Unterschied zu Peter Pan, der nie erwachsen werden wollte. Später aber hatte er sich in Wendys Enkelin Moira (Caroline Goodall) verliebt, ihretwegen Nimmerland verlassen und sie zu seiner Frau genommen. Doch Peter kann sich an seine Kindheit nicht erinnern. Noch viel weniger besitzt er die Phantasie, die das Leben in Nimmerland erfordert. So sind Hook und sein dicker Koch Smee (Bob Hoskins) enttäuscht von Peter, der als Rechtsanwalt Banning eine klägliche Figur macht in diesem Reich der Imagination. Hook will Peter und dessen Kinder einfach hinrichten lassen, als Tinkerbell eingreift. Sie unterbreitet dem Piratenkapitän den Vorschlag, Peter Banning innerhalb von drei Tagen wieder in Peter Pan zurückzuverwandeln und ihn damit duellierbereit zu machen. Hook willigt amüsiert ein.

Kräftig unterstützt von seinen alten, aber nicht gealterten Spielkameraden, angetrieben aber vor allem von Tinkerbell, die ihn still liebt, doch später verzichten muß, findet Peter seine Imagination, seine Phantasie wieder, weil er spürt, daß seine eigenen

Kinder für ihn das Wichtigste auf Erden sind. Endlich kann er wieder fliegen und damit den Kampf gegen Hook aufnehmen. Für Tinkerbell, die sich nur für einen Bruchteil in ein menschliches Wesen, in eine Frau verwandelt, um Peter küssen zu können, ist dies das Ende ihrer Geschichte. Von nun an ist es die von Peter. Tatkräftig unterstützt von den Kindern, nimmt Peter den Kampf gegen Hook und dessen Leute auf. Was sie an Kraft und Waffen unterlegen sind, machen sie durch ihren Einfallsreichtum – der auch der von Spielberg ist – wieder wett. So treibt Peter im abschließenden Fechtduell den Kapitän Hook vor das Maul eines riesigen Krokodils, das seinerzeit Hooks abgeschlagene Hand verschluckt hatte und das nun erneut zuschnappt und den Kapitän verschlingt. Gemeinsam mit seinen Kindern, die in Nimmerland das Fliegen ebenfalls gelernt haben, kehrt er nach Hause, in die menschliche Welt zurück. Verändert, denn er schmeißt sein drahtloses Telefon fort, als es klingelt. Früher hatte es ihn davon abgehalten, sich seiner Familie zu widmen.

Im Mittelpunkt von *Hook* stehen allerdings nicht die Stars, von denen Robin Williams der einzige unter Hollywoods augenblicklichen Mega-Stars ist, der die Wandlung eines Mannes zum Kind glaubhaft darstellen kann. Im Mittelpunkt steht vielmehr der technische Aufwand, mit dem das großgewordene Kind Steven Spielberg die weiterentwickelte Geschichte des Kinderbuchklassikers »Peter Pan« erzählt, der 1906 von seinem Autor Sir James Matthew Barrie in England veröffentlicht wurde und seitdem einen Siegeszug durch die gesamte angelsächsische Welt antrat. Doch angesichts der Millionen, die die riesigen Bauten, das Blue-Screen-Verfahren und zahlreiche alte, teilweise vergessene Tricktechniken verschlangen, wirkt das Ergebnis eher enttäuschend. Kulissen und Tricktechnik sind als solche leicht auszumachen. Denn die Kamera schwebt nicht und läßt – wie in *E. T.* – den Zuschauer mitfliegen, sondern recht bleiern erdrückt der Aufwand die Leichtigkeit der Phantasie, der Spielberg ohnehin zuwenig Raum zur Entfal-

Julia hat ihren Regisseur Steven Spielberg fest im Griff, oder ist es eher umgekehrt?

tung läßt. Unisono äußerten sich die Kritiker eher zurückhaltend, beugten sich aber dem bezaubernden Charme der auf Däumlingsgröße geschrumpften Julia Roberts. Tatsächlich verbindet sie als Tinkerbell ungezwungene Natürlichkeit mit jener so vermißten märchenhaften Leichtigkeit. Joel Schumacher hat sicherlich recht, wenn er über sie sagt: »Julia ist eine bemerkenswert intelligente Person, aber sie hat überhaupt keine intellektuelle Annäherung an das Spielen. Sie ist sehr instinktiv, sehr natürlich ... Man begeistert sich häufig über das Spiel von Kindern im Film, über ihren Instinkt und ihre Würde. Viele erwachsene Darsteller sind sicherlich bereit, einen hohen Preis zu zahlen, um ihr Talent als Kind wiederzufinden. Julia hat das niemals verloren. Wenn sie spielt, ist sie wirklich wie ein Kind.« (Christophe d'Yvoire)

Für *Hook* hätte man sich mehr von dem »Kind« Julia Roberts gewünscht, deren Lächeln durch Perücke und »Mr. Spock«-Ohren nicht an Faszination eingebüßt hat. Spielbergs Film macht Spaß, ist für die ganze Familie, doch die Fans von Julia Roberts werden enttäuscht sein.

So bleibt die Hoffnung auf weitere Rollen. Nach gerade zehn Filmen ist Julia Roberts erst am Anfang ihrer Karriere, in der sie weitere Niederlagen und Mißerfolge, wie *Dying Young,* kennenlernen wird, aber auch Erfolge wie *Pretty Woman.* »Ich glaube, daß ich jedes Mal etwas anderes versuche. Alle Rollen sind verschieden, und ich sehe keine Notwendigkeit, darüber zu diskutieren. Das ist, als ob man das Geheimnis einer magischen Tour kennen würde. Die Magie verschwindet, wenn man den Trick kennt. Ich bewundere, was ich mache. Mit allem, was ich in dieser Hinsicht ertragen muß, würde ich diesen Beruf sicherlich nicht mehr ausüben, würde ich ihn nicht so mögen. Ich mag meinen Beruf, ganz gleich, ob er leicht und schnell oder schwierig und ermüdend ist. Besonders, wenn man am Ende der Rechnung da anlangt, wo man hin wollte.« (Jean-Paul Chaillet)

Doch es wird schwer für sie werden, die in sie gesetzten Erwartungen zu erfüllen, vor allem, ihr persönliches Engagement bei ihren Rollen auf ein Maß zu reduzieren, das einerseits den Charme und die Faszination ihrer Leinwandauftritte nicht verdirbt, ihr andererseits aber eine nötige Distanz verleiht, die sie zur wahren Schauspielerin macht. »Bliebe nichts übrig, und ich würde noch etwas finden, so gäbe ich auch das. Aber es kommt der Zeitpunkt, an dem man weniger schläft und es eine lange Zeit braucht, von all dem Geben etwas zurückzubekommen. Es ist eine tolle Gelegenheit zu geben, aber zur gleichen Zeit, wenn man eine Familie, Freunde hat und es Liebe in deinem Leben gibt und du gibst dafür, kannst du sofortige Dankbarkeit erkennen. Du kannst jemanden lächeln sehen oder einfach jemanden mitnehmen oder irgend etwas. Es ist leichter, auf diese Weise zu geben, als nur für diese ... schwarze Maschine zu geben.« (Steven Pond)

Julia Roberts ist aus einer anderen Welt. In ›Hook‹

Julia Roberts hat schon jetzt Filmgeschichte gemacht. Denn sie ist der einzige Star ihrer Generation. Ein wirklicher Star der neunziger Jahre. Doch wie viele Göttinnen der Leinwand läuft auch sie ständig Gefahr, aus dem Himmel Hollywood verstoßen zu werden: Wenn ihre Erfolgskette abreißt, wenn ihr persönliches Leben unter der allgegenwärtigen Öffentlichkeit so zu leiden beginnt, daß ihre Abwehrkräfte versagen, wenn sie ihre Natürlichkeit und ihren Charme verliert und ihr umwerfendes, bezauberndes Lächeln zu einem schiefen, verzweifelten Grinsen gerinnt. Wahrscheinlich wird Julia Roberts als der Star in die Filmgeschichte eingehen, der seine Magie daraus schöpft, wie sehr das Publikum ihn beschützen möchte. Wie sehr es mit ihr leiden und sich mit ihr freuen möchte. Aber wie jeder Star ist auch Julia Roberts ein Produkt ihrer Zeit. In dem Augenblick, wo der auf den Mann bezogene Frauentyp, den sie verkörpert, nicht mehr gefragt ist, wird für sie eine schwere Zeit anbrechen. Doch noch ist es nicht soweit.

Schritte ins Erwachsenenleben

Träume können bestehenbleiben. Zwei Jahre lang zog sich Julia Roberts vom Filmgeschäft zurück. Zwei Jahre lang war sie nach ihrem Kurzauftritt in Robert Altmans *The Player* nicht mehr auf der Leinwand zu sehen. Zwei Jahre aber, die ihrer Präsenz, ihrem Charisma keinerlei Abbruch taten, wie ihr Comeback *The Pelican Brief* (Die Akte) beweist. Schlagzeilen aber machte sie in der Zwischenzeit reichlich. Zunächst die Affäre mit Jason Patric nach der Trennung von Kiefer Sutherland. Ihre Flucht nach Irland. Die angeblichen Probleme mit Steven Spielberg auf dem Set von *Hook*. Eine in der Presse geführte Auseinandersetzung mit dem *Steel Magnolias*-Regisseur Herbert Ross, der ihr schauspielerische Unfähigkeit vorwarf. Und vor allem ihre Drogensucht. »Ich habe niemals Drogen benutzt, Punkt, aus. (…) Ich habe mal einen Joint geraucht,

»The Mouth That Roars«: Hollywoods breitestes Lächeln ist nach zwei Jahren Pause wieder da

okay. Ich bin das Mädchen, das während der ganzen High-School-Zeit dachte, ein Joint sieht aus wie ein Finger ohne Haut. Ich dachte, daß man sie deshalb Joints (Gelenke) nannte. So sah die Drogenerfahrung in meinem Leben aus!
Ich bin die erste, die sagt, in jedem Gerücht steckt ein – ganz gleich wie kleines – Stück Wahrheit. Das aber ist das einzige Gerücht über mich, das mich nicht einmal an den richtigen Platz stellt. Nichts, *nichts* davon ist wahr!« (Christopher Connelly. *Nobody's Fool.* In: *Premiere,* December 1993). Ihre Energie mußte Julia Roberts aufwenden, sich all der Gerüchte zu erwehren. Eine traumatische Erfahrung für die »Pretty Woman«, deren Image Julia Roberts verfolgte. Ende 1992 aber entschloß sie sich, ihrer freiwilligen Abstinenz vom Film ein Ende zu setzen. *Shakespeare in Love* sollte das Projekt heißen, für das sie sich persönlich einsetzte. Zusammen mit dem Regisseur Edward Zwick flog sie nach London, um Daniel Day-Lewis zur Mitwirkung zu überreden. Vergeblich. Nach ihrer Rückkehr nach Los Angeles wartete aber ein neues Skript auf sie. Der Autor und Regisseur Alan J. Pakula hatte ihr seine Adaption des John-Grisham-Bestsellers »The Pelican Brief« (deutsch: Die Akte) auf den attraktiven Leib geschrieben. Nicht nur sie war von dem Buch überzeugt, auch ihre langzeitige Agentin Elaine Goldsmith riet zur Mitwirkung. Julia Roberts nahm die Rolle der Jurastudentin Darby Shaw an und schlug Denzel Washington für die Rolle des mutigen Journalisten Gray Grantham vor. Schon einmal hatte sie nicht auf den Rat ihrer Agentin gehört und eine Rolle abgelehnt. Sie hätte die weibliche Hauptrolle in *Sleepless in Seattle* (Schlaflos in Seattle; 1993; Regie: Nora Ephron) übernehmen sollen, was dann Meg Ryan mit überraschendem Erfolg tat. Wahrscheinlich aber hatte Julia Roberts recht mit ihrer Ablehnung. Denn erneut in einer romantischen Komödie mitzuspielen hätte ihr Image weiterhin gefestigt, was ihren ambitionierten darstellerischen Plänen entgegengewirkt hätte.
The Pelican Brief versprach ein ganz anderer Film zu werden.

Dafür würde nicht nur die Vorlage, sondern vor allem der Regisseur sorgen. Pakula gilt als ein Spezialist für die Mischform von Detektivfilm und Politthriller. *Klute* (Klute; 1971) mit Donald Sutherland und Jane Fonda, *The Parallex View* (Zeuge einer Verschwörung; 1974) mit Warren Beatty und *All the President's Men* (Die Unbestechlichen; 1976) mit Dustin Hoffman und Robert Redford sind inzwischen Klassiker des Genres und weisen den Regisseur als einen Meister der spannenden Mischung aus politischer Realität und psychologischen Obsessionen aus. Damit ist er bis heute einzigartig unter Hollywoods Regisseuren. In den letzten Jahren aber hatte Pakula zunehmend an Kraft verloren. *Presumed Innocent* (Aus Mangel an Beweisen; 1990 – nach dem Roman des Grisham-Antipoden Scott Turow) und *Consenting Adults* (Gewagtes Spiel; 1992) waren zwar erfolgreiche, auch spannende Thriller, doch fehlte ihnen jene Ebene an Realität, die aus seinen früheren Filmen so überzeugende Werke hatte werden lassen. In *The Pelican Brief* kommt es leider noch schlimmer. Der Film läuft beinahe Gefahr, sein stärkstes Pfund – Julia Roberts – zu übersehen.
Nach den blutroten Sonnenuntergängen im Mississippi-Delta führt die Kamera in einen Hörsaal und schwenkt über die Studenten. Fast schwenkt die Kamera an Julia Roberts vorbei. Im letzten Moment hält sie inne und erfaßt sie dann doch noch. Das mahagonifarbene Haar von der Sonne umspielt. Der Mund zu einem breiten Lächeln geöffnet, eine engelhafte Erscheinung – so bereitet man ein Comeback vor. Die Herzen der Zuschauer hat Julia Roberts mit ihrem ersten Auftritt erobert. Sie spielt also Darby Shaw, eine Jurastudentin an der Tulane-Universität von New Orleans, die ein Verhältnis mit ihrem Professor Thomas Callahan (Sam Shepard) hat. Sie erlebt, wie ihr Freund erschüttert ist von der Nachricht der Ermordung der beiden Bundesrichter Rosenberg und Jensen. Rosenberg (Hume Cronyn) war einst der Mentor Callahans. Darbys Neugier erwacht aufgrund der spärlichen Informationen, die sie von Callahan erhält. Sie beginnt in der Universitätsbibliothek zu

recherchieren und faßt ihre Ergebnisse in einem Dossier, dem »Pelican Brief«, zusammen. Schön säuberlich mit Namen und Anschrift. Callahan ist beeindruckt von ihren Spekulationen und glaubt ihren Schlußfolgerungen. Deshalb fliegt er nach Washington und trifft sich mit Gavin Verheek (John Heard), einem alten Freund, nun FBI-Anwalt. Es dauert nicht lange, da landet die Akte auf dem Schreibtisch von Fletcher Coal (Tony Goldwyn), dem Stabschef des Präsidenten (Robert Culp). Coal erkennt sofort die Brisanz dieser Akte. Auch der Präsident ist erschrocken, weiß er doch, daß sowohl FBI wie CIA nach den Mördern suchen und möglicherweise auf die Akte stoßen.

Zurück in New Orleans feiern Darby und Callahan das Semesterende. Darby weigert sich, zu dem angetrunkenen Thomas ins Auto zu steigen. Das rettet ihr Leben. Denn vor ihren Augen fliegt das Auto in die Luft. Ihr wird sofort klar, daß die Ermordung ihres Freundes mit der Akte zusammenhängen muß. Sie wartet nicht lange und macht sich aus dem Staub. Was sie aber nicht weiß, ist, daß die CIA schon auf ihren Fersen ist. Oder vielleicht ist es auch das FBI. Oder eine unbekannte dritte Seite. Der Zuschauer bleibt seinen Vermutungen überlassen. Die Story des Films wird dabei zunehmend phantasievoller, unwahrscheinlicher und verliert an Glaubwürdigkeit. Halt bietet hier nur noch Julia Roberts in der Rolle der verfolgten Unschuld. Eine Rolle, die sie schon einmal durchaus erfolgreich gemeistert hatte. In *Sleeping With the Enemy* war sie ebenfalls auf der Flucht vor lebensbedrohender Gewalt. Und wie in dem Film von Joseph Ruben appelliert auch hier ihre Fragilität an kollektive Beschützerinstinkte. Wenn sie am ganzen Körper vor Schock und Angst zittert, dann geht der Wunsch, ihr zu helfen, durch die vollen Kinos. Doch irgendwie zeigt sich Alan Pakula wenig daran interessiert. Statt dessen zeigt Darby immer wieder Ansätze von Mut und Cleverneß, was so sehr der Erscheinung von Julia Roberts zu widersprechen scheint und sich auch aus der Geschichte heraus nicht ergeben will.

Darby ruft aus ihrem Versteck Gavin Verheek an, will sich mit

Julia Roberts als Jurastudentin Darby Shaw: der Korruption auf der Spur

ihm treffen. Natürlich wird das Gespräch abgehört und Gavin wenig später ermordet. Sein Mörder ist auch für die beiden Richtermorde verantwortlich. Und wie kann es anders sein, es ist ein arabischer Terrorist. Der gibt sich Darby gegenüber als Gavin aus, was diese auch glaubt. Gerade als der Killer an Darbys Seite die Pistole zückt, trifft ihn inmitten der Menschenmenge auf dem Riverwalk in New Orleans ein tödlicher Schuß aus dem Nichts. Wieder entkommt sie, immer aber von irgendwelchen anonymen Figuren beobachtet, verfolgt oder beschützt. In ihrer Verzweiflung wendet sie sich an den Enthüllungsjournalist Gray Grantham (Denzel Washington). Der

Reporter will ihren Angaben zunächst nicht glauben, wird aber stutzig, nachdem er einige Recherchen unternommen hat und ihn außerdem ein mysteriöser Anruf eines »Garcia« erreicht, der behauptet, die Mörder der beiden Richter beziehungsweise deren Auftraggeber zu kennen. Grantham gelingt es, ein Foto des Anrufers zu machen. Er vermutet, daß »Garcia« ein Anwalt ist, doch mehr weiß er nicht. »Garcia« meldet sich nicht wieder.

In einem New Yorker Hotel trifft Darby den Reporter und erzählt ihm den Inhalt der Akte. Danach hat sie herausgefunden, daß beide Richter eine Gemeinsamkeit besaßen, ihr Engagement für den Umweltschutz. Vorhersehbar war daher, daß beide Richter für die Erhaltung eines Pelikan-Schutzgebietes im Mississippi-Delta stimmen würden, in dem der Öltycoon Mattiece eine Raffinerie errichten will. Pikant an der Angelegenheit ist, daß Mattiece den Hauptteil für die Wahlkampagne des amtierenden Präsidenten gespendet hat und zudem dessen enger Freund ist. Um jeden Preis soll das Bekanntwerden dieser Verbindungen unterdrückt werden. Der Präsident fordert gar den FBI-Chef auf, die Nachforschungen einzustellen. Doch Grantham und Darby sind nicht mehr aufzuhalten. Sie finden heraus, daß sich hinter »Garcia« der Anwalt Curtis Morgan aus der Kanzlei White & Blazevich verbirgt. Doch auch Morgan ist tot, ermordet. Von seiner Witwe erhalten sie den Schlüssel zu einem Schließfach, und dort finden sie die fehlenden Beweise für Darbys Spekulationen. Nur knapp entgehen sie wenig später einem Attentat; jetzt läßt sich die Veröffentlichung nicht mehr aufhalten. Mit Hilfe des FBI-Direktors, der sich aus dem sich abzeichnenden politischen Desaster heraushalten will, kann Darby in ein unbekanntes Land verschwinden. Im Fernsehen erlebt sie dann später die Folgen ihrer Nachforschungen. Der Präsident wird sich nicht mehr zur Wiederwahl stellen, sein Stabschef ist zurückgetreten, der Industrielle verhaftet. Das letzte Bild des Films gehört dann wieder Julia Roberts. Endlich einmal. Selbst der Blick auf ihren Oberkörper mit Büstenhalter konnte nicht dafür entschädigen, daß Story und Regie sie sträflich alleine ließen. Nun aber sitzt sie entspannt in einem Strandstuhl und schaut Fernsehen. Dort erlebt sie, wie Grantham sich in einem Interview fragen lassen muß, ob Darby Shaw nicht eine Phantomfigur sei, eine Mischung aus all den unbekannten Reporterquellen. Schließlich sei sie doch zu gut, um wahr zu sein. »Nahezu«, antwortet schmunzelnd der Journalist und zaubert damit ein breites Lächeln auf ihr Gesicht. Ein Lächeln und

Ein mutiges Duo im Kampf gegen die Politik. Julia Roberts mit Denzel Washington in ›The Pelican Brief‹

ein Abschiedsblick für die Zuschauer, die mit diesem Bild das Kino verlassen. Ein Lächeln, das ein erfolgreiches Comeback besiegelt. Erfolgreich jedenfalls, was das Einspielergebnis des Films in den USA betrifft, das inzwischen mehr als 100 Millionen Dollar beträgt. Die Gage von sieben Millionen Dollar pro Film zählt da nicht viel, macht aber Julia Roberts zur augenblicklich bestbezahlten Schauspielerin der USA.

Den Film aber macht all das nicht besser. Zu viele Unglaubwürdigkeiten, Fragezeichen und Klischees belasten den Film und erschweren das Verständnis. Irgendwie entsteht der Eindruck, auch Julia Roberts versteht all das nicht, aber was macht das schon. Einmal mehr funktioniert ihre Gabe, Beschützerinstinkte zu wecken, dabei – in sexueller Hinsicht – völlig aseptisch zu wirken und dennoch die Sympathien auf ihre Seite zu ziehen. Irgendwie auch scheint die Rolle der Darstellerin zu entsprechen. Da fragt man sich schon mehr, wie Darby immer ihren mächtigen Verfolgern entkommen kann, wie ein Zufall sich an den anderen reiht. John Grisham, der ehemalige Anwalt und Bestsellerautor, dessen Romane als Verfilmungen (*The Firm;* Die Firma; 1992; Regie: Sydney Pollack) auch im Kino alle Rekorde brechen und altgedienten Regisseuren wie Pollack oder Pakula eine Art Comeback ermöglichen, soll, so wird kolportiert, bei dem Verfassen des Romans an Julia Roberts gedacht haben. Was kein Wunder wäre, denn die Geschichte war bereits von Pakula erworben, noch bevor sie geschrieben wurde. Dabei aber hat Grisham offensichtlich versäumt, seinen Figuren einen Charakter zu geben. Ein Mißstand vieler seiner Romane. Ein Präsident, der lieber mit seinem Hund rumspielt als regiert und sich ansonsten als reichlich dumm erweist. Der hinterhältige Stabschef, die konkurrierenden Chefs von CIA und FBI, Killer und Wanzen überall. Die Glaubwürdigkeit wird schon arg strapaziert, doch spielt dies im Grunde keine Rolle. Denn es ist Julia Roberts, die den Film zu einem Erfolg macht, die allein das Ansehen lohnt. Auch wenn ihre Darby Shaw kein Fleisch besitzt, keine Persönlichkeit, keinen Charakter. Eine

Rolle, die einzig durch ihre Besetzung funktioniert. Das ist fast ein bißchen schade, denn man hätte Julia Roberts einen größeren Auftritt gewünscht. Einen Auftritt, der sie als Schauspielerin, denn das ist sie trotz allem auch, nachhaltig ins Gedächtnis befördert hätte. Vielleicht geben ihr die nächsten Rollen dazu Gelegenheit.

Nach *The Pelican Brief* stand sie mit Nick Nolte für *I Love Trouble* von Charles Shyer vor der Kamera. Danach ist ein weiterer Kurzauftritt bei Robert Altman vorgesehen, in dem in Paris gedrehten *Prêt-à-Porter*. Zusammen mit John Malkovich soll sie dann ab dem 16. Mai 1994 in den Londoner Pinewood Studios den »Dr. Jekyll and Mr. Hyde«-Film *Mary Reilly* unter der Regie von Stephen Frears drehen. Was zweifellos ihre interessanteste Rolle seit Jahren werden kann.

Schwierigkeiten bereitet Julia Roberts augenblicklich eigentlich eher den Marketing-Spezialisten der Studios. Bislang der unerreichbare Schwarm aller Männer, Ehemänner und Angestellten, das Vorbild vieler Frauen, machte Julia mit ihrer Heirat am 27.6.1993 allen Strategien einen Strich durch die Rechnung. Völlig überraschend und wohl auch überstürzt heiratete sie den Country-Musiker Lyle Lovett, der als Schauspieler zum Kreis um Robert Altman gehört und in *The Player* (als Verdächtiger) ebenso wie in dem anschließenden Meisterwerk *Short Cuts* (als Bäcker) zu sehen war. Lovett ist einige Jahre älter als seine Frau und ein Außenseiter der Branche. Vielleicht lag genau darin seine Attraktivität für Julia Roberts. »Er ist wie der Gott des Universums«, beschrieb sie ihn. »Eins mit den Dingen. Verstehen Sie? Wahrscheinlich irgendwie unerschütterlich, aber nicht wie ein Mann ohne extreme Gefühle. Ich glaube, es wird in seiner Musik sehr deutlich, daß er gefühlvoll ist und eine interessante Haltung zu den Dingen einnimmt. Aber zur gleichen Zeit besitzt er eine Ausgeglichenheit, die irgendwie erfrischend, wenn nicht ... umwerfend ist.« *(Christopher Connelly, a.a.O.)* Jetzt, da Hollywood darum fürchten muß, seinen Engel zu verlieren, tauchen die ersten Gerüchte auf über Schwierigkeiten ihrer Ehe. Weitere Gerüchte. Die vielleicht irgendeines Tages wahr werden. Denn das Faszinierende an Julia Roberts, an »The Mouth That Roars« (*Premiere,* December 1993), ist ihre emotionale Unausgeglichenheit, die sich so unmittelbar von der Leinwand herab mitteilt. Ihren Zauber aber hat sie auch nach zweijähriger Pause nicht verloren. Ein Aufatmen ging durch das Kino. Julia Roberts bleibt weiterhin die Traumfrau der Traumfabrik.

FILMOGRAPHIE

Blood Red – Stirb für dein Land
BLOOD RED. USA 1986.
Regie: Peter Masterson. *Produktion:* Kettledrum für Hemdale Corp. *Produzenten:* Judd Bernard, Patricia Casey. *Ausführende Produzenten:* John Daly, Derek Gibson. *Buch:* Ron Cutler. *Kamera:* Toyomichi Kurita (Farbe). *Schnitt:* Randy Thornton. *Musik:* Carmine Coppola. *Kostüme:* Ruth Myers. *Casting:* Pam Rack. *Production Design:* Bruno Rubeo. *Darsteller:* Eric Roberts (Marco Collagero), Giancarlo Giannini (Sebastiano Collagero), Dennis Hopper (William Bradford Barrigan), Burt Young (Andrews), Carlin Glynn (Miß Jeffreys), Susan Anspach (Witwe), Lala Harris (Angelica), Joseph Running Fox (Samuel Joseph), Frank Campanella (Dr. Scola), Marc Lawrence (Michael Fazio), Aldo Ray (Father Stassio), Gary Swanson (Senator William Endicott), JULIA ROBERTS (Maria Collagero), Alexandra Masterson (Anna Collagero). *Länge:* 89 Minuten. *Deutsche Erstaufführung:* September 1991 (Videopremiere). *Video:* RCA/Columbia

Julia Roberts spielt die Film-Schwester ihres (auch leiblichen) Bruders Eric Roberts, der den Widerstand italienischer Weinbauern gegen einen von Dennis Hopper verkörperten Eisenbahntycoon und dessen Killer unter der Leitung von Andrews anführt. Mit Hilfe einiger lokaler Indianer und der stillschweigenden Unterstützung der Bevölkerung gelingt es den als Terroristen abgestempelten Widerstandskämpfern in einem blutigen Finale, ihre Rechte durchzusetzen.

»(...) All diesen Voraussetzungen zum Trotz ist *Blood Red – Stirb für dein Land* von Peter Masterson ein sehenswerter Film, der den poetischen Visionen der Brüder Taviani ... entschieden näher steht als den Gewaltphantasien der Leones und Corbuccis; mit Eric Roberts, Giancarlo Giannini, Dennis Hopper, Burt Young und – in einer kleinen Nebenrolle – Julia Roberts bei ihrem Leinwanddebüt hervorragend besetzt ...« *(Andreas Obst, Frankfurter Allgemeine Zeitung, 16.12.1991)*

»Trotz großer Besetzung ist der Spätwestern erst jetzt zu besichtigen – und auch nur, weil neben Eric Roberts ab und an sein berühmtes Schwesterchen Julia auftaucht.« *(stern-tv-magazin, zit. n. Horst Schäfer/Walter Schobert, Fischer Film Almanach 1992)*

Satisfaction
SATISFACTION. USA 1987.
Regie: Joan Freeman. *Produktion:* Aaron Spelling, Alan Greisman für NBC. *Produzenten:* Aaron Spelling, Alan Greisman. *Ausführende Produzenten:* Robert Alden, Armyan Bernstein. *Buch:* Charles Purpura. *Kamera:* Thomas Del Ruth (Farbe). *Schnitt:* Joel Goodman. *Musik:* Michael Colombier. *Casting:* Johanna Ray. *Production Design*: Lydia Paradise. *Darsteller:* Justine Bateman (Jennie Lee), Liam Neeson (Martin Falcon), Trini Alvarado (Mooch), Scott Coffey (Nickie), Britta Phillips (Billy), JULIA ROBERTS (Daryle), Debbie Harry (Tina), Chris Nash (Frankie), Michael De Lorenzo (Bunny Slotz), Tom O'Brien (Hubbs). *Länge:* 89 Minuten. *Deutsche Erstaufführung:* Februar 1989 (Videopremiere). *Video:* CBS-Fox

Julia Roberts zupft den Elektrobaß in einer Mädchenband, die in der Ferienzeit vor Beginn der Uni ein Engagement in einem Strandclub hat. Als Daryle denkt sie mehr an Jungs denn an die Musik. Die Band hat Erfolg, eine Europatournee scheint möglich, doch die Liebe spielt einen Streich. Nach einigen Krächen finden die Mädchen wieder zusammen, so wie zu Beginn, ohne die lästigen, eifersüchtigen, verständnislosen Männer.

»Fast ängstlich bemüht sich dieser Teenagerfilm, nur ja kein Thema des Genres auszulassen. Ein bißchen Rockmusik, ein wenig Slapstick, endlose Gespräche am Strand, Freundschaften, Liebeleien, Eifersüchteleien, Illusionen und Ernüchterungen werden in dieser Komödie abgespult. Es ist erstaunlich, wie viel in einem Film passieren kann, ohne daß etwas Entscheidendes geschieht.«

(Hans Messias, film-dienst 10/1989, Nr. 27.606)

Baja Oklahoma
USA 1987.
Regie: Bobby Roth. *Buch:* Bobby Roth, Dan Jenkins nach dem Roman von Jenkins. *Darsteller:* Leslie Ann Warren, Peter Coyote, Swoosie Kurtz, Billy Vera, Anthony Zerbe, Willie Nelson, Emmylou Harris, Alice Krige, Bob Wills jr., JULIA ROBERTS. *Länge:* 105 Minuten

Julia Roberts hat nur eine sehr kleine Rolle als widerspenstige Tochter, eher Statistin denn Darstellerin und kaum auszumachen unter dem hochkarätigen Ensemble. In diesem Musikerfilm aus der

Countryszene spielen zahlreiche Stars kleinere Rollen oder sich selbst. Willie Nelson schrieb zusammen mit Dan Jenkins den Titelsong dieser amüsanten Geschichte um ein Barmädchen (Warren), das in einem texanischen Provinznest von einer großen Musikerkarriere träumt, sich mit seinen Gefühlen aber dabei selbst im Weg steht. Der Film ist für das Kabelfernsehen produziert worden und kam trotz – oder wegen – seiner Stars der zweiten Kategorie nur vereinzelt ins Kino.

»Eine lebendige Adaptation von Dan Jenkins' humorvoller Novelle über ein texanisches Barmädchen, das seine Träume, Songwriter zu werden, mit ihren stürmischen Romanzen hintergeht ... Über dem Durchschnitt.« *(Leonard Maltin's TV Movies and Video Guide 1989)*

Pizza, Pizza – Ein Stück vom Himmel / Mystic Pizza / 3 Girlfriends
MYSTIC PIZZA. USA 1987.
Regie: Donald Petrie. *Produktion:* The Samuel Goldwyn Company. *Produzenten:* Mark Levinson, Scott Rosenfelt. *Ausführender Produzent:* Samuel Goldwyn jr. *Buch:* Amy Jones, Perry Howze, Randy Howze, Alfred Uhry nach einer Story von Amy Jones. *Kamera:* Tim Suhrstedt (Farbe). *Schnitt:* Marion Rothman, Don Brochu. *Musik:* David McHugh, div. Songs. *Kostüme:* Jennifer Von Meyerhausen. *Casting:* Jane Jenkins, Janet Hirshenson. *Production Design:* David Chapman. *Darsteller:* Lili Taylor (Jojo Barboza), Annabeth Gish (Kat Arujo), JULIA ROBERTS (Daisy Arujo), Vincent Phillip D'Onofrio (Bill Montijo), William R. Moses (Tim Travers), Adam Storke (Charles Gordon Winsor), Conchata Ferrell (Leona Valsouano), Porscha Radcliffe (Phobe Travers), Joanna Merlin (Mrs. Margaret Arujo). *Länge:* 104 Minuten. *Deutsche Erstaufführung:* 25.5.1989. *Video:* VCL

Julia Roberts ist Daisy, eins von drei Mädchen in einer portugiesischen Fischergemeinde an der amerikanischen Ostküste. Zusammen mit ihrer jüngeren Schwester Kat, die bald nach Yale gehen wird, und der Freundin Jojo, die sich vor der Ehe drückt, jobbt Daisy im Restaurant »Mystic Pizza«, für alle eine Art Hafen und Familienersatz. Daisy verliebt sich in Charles Winsor, den mißratenen Sohn reicher Eltern. Er bedeutet für sie den Ausstieg aus ihren ärmlichen Verhältnissen. Doch Daisy erkennt rechtzeitig ihre Selbsttäuschung.

»Mit viel Sympathie für seine Figuren spielt Donald Petrie fast beispielhaft die Liebesprobleme der jungen Frauen an: das Für und Wider

Unverbrauchte Natürlichkeit

der Ehe, die Liebe zu einem älteren, verheirateten Mann, eine Beziehung, die an den Klassenschranken zu zerbrechen droht ... Das frische, unverbrauchte Spiel der drei Hauptdarstellerinnen tut das Seine, um aus dem kleinen, sympathischen Film ein kaum getrübtes Vergnügen zu machen.« *(Peter Strotmann, film-dienst 12/1989, Nr. 27.641)*

»Der Erstlingsfilm von Donald Petrie zeichnet sich vor allem durch seinen leichten Handlungsfluß und realistische Dialoge aus. Kein großer Film zwar, aber immerhin ein Stück Kino, das echt und überzeugend wirkt und nur selten in oberflächlichen Sentimentalkitsch abgleitet. ›Pizza, Pizza‹ dürfte vor allem Frauen ansprechen. Daisy, Kat und Jojo symbolisieren drei Mädchentypen, die der Zeit entsprechen und sich als Identifikationsfiguren leicht anbieten. Durch sie wird der Film gleichzeitig zur ›feministischen‹ Sexkomödie, romantischen Fabel und konventionellen Teenie-Love-Story.«

(hr, Cinema 133/Juni 1989)

»Diesmal sollte man sich von dem deutschen Titel nicht abschrecken lassen, denn hinter ihm verbirgt sich ein sympathischer kleiner Film, der Probleme junger Menschen einmal nicht aufgreift, um sie bloßzustellen und zu sexistischen und verlogenen Spielchen zu mißbrauchen.«

(Horst Schäfer/Walter Schobert, Fischer Film Almanach 1990)

»Das Verdienst, Gemütlichkeit und Sentimentalität vermieden zu haben, gebührt der sympathischen und intelligenten Regie von Donald Petrie, Sohn des Veteranen Daniel, der hiermit sein Spielfilmdebüt gibt. Ihm helfen die starken Leistungen der drei Hauptdarstellerinnen, die nicht nur ihre individuellen Charaktere mit Tiefe und Überzeugung porträtieren, sondern ebenso überzeugend die Aufs und Abs ihrer häufig beschwerten Freundschaft vermitteln. Die Unterschiede zwischen den Mädchen, die deren Beziehung manchmal eine konkurrierende, schneidende Schärfe verleihen, sind, wenn überhaupt, stärker herausgehoben als ihre gemeinsamen Interessen, vor allem im Fall des ›braven Mädchens‹ Kat und ihrer ›verdorbenen Schwester‹ Daisy.«

(Pam Cook, Monthly Film Bulletin No. 672/Jan. 1990)

»Sicher, 1988 war sie schon schön, Julia, und sie zögerte nicht, die Hand an den Teig zu legen, aber wenn sie hier nicht (wenig glaubhaft) als Kellnerin in einer Pizzeria begonnen hätte, wäre diese Geschichte, bar jeglichen Interesses, wohl nie in Frankreich herausgekommen. Man wird es als Gelegenheit verstehen, sich daran zu erinnern, daß, auch wenn man genug Charme und Talent besitzt, sich eine Karriere durch eine gewissenhafte Wahl aufbaut.«

(L. B., Première No. 168/Mars 1991)

Magnolien aus Stahl – Die Stärke der Frauen
STEEL MAGNOLIAS. USA 1989.
Regie: Herbert Ross. *Produktion:* Rastar Productions für Columbia Tri-Star. *Produzent:* Ray Stark. *Ausführender Produzent:* Victoria White. *Buch:* Robert Harling nach seinem Theaterstück. *Kamera:* John A. Alonzo (Farbe). *Schnitt:* Paul Hirsch. *Musik:* Georges Delerue. *Kostüme:* Julie Weiss. *Casting:* Hank McCann. *Production Design:* Gene Callahan, Edward Pisoni. *Darsteller:* Sally Field (M'Lynn Eatenton), Dolly Parton (Truvy Jones), Shirley MacLaine (Ouiser Boudreaux), Daryl Hannah (Annelle Dupuy Desoto), Olympia Dukakis (Clairee Beicher), JULIA ROBERTS (Shelby Eatenton Latcherie), Tom Skerritt (Drum Eatenton), Sam Shepard (Spud Jones), Dylan McDermott (Jackson Latcherie), Kevin J. O'Connor (Sammy Desoto), Robert Harling (Geistlicher). *Länge:* 118 Minuten (Original 123 Min.). *Uraufführung:* 17.11.1989. *Deutsche Erstaufführung:* Internationale Filmfestspiele Berlin 1990, 15.3.1990 (Kinostart). *Video:* RCA/Columbia

Julia Roberts ist Shelby, Tochter der resoluten M'Lynn. Um ihre Figur rankt sich die Geschichte von sechs Frauen, deren zentraler Treffpunkt Truvys Schönheitssalon ist. Shelby heiratet, bekommt ein Kind und stirbt an den Folgen der Geburt. Denn sie ist zuckerkrank und muß sich einer Nierentransplantation unterziehen. Julia Roberts ist das tragische Moment in diesem zuckersüßen Film. Ihre Lieblingsfarbe ist pink.

»Sechs Frauen in einer Kleinstadt, sechs Freundinnen, die das Auf und Ab des Alltags gemeinsam durchstehen. Man feiert Hochzeiten und trascht im Schönheitssalon, man trifft sich an Geburtstagen und zittert am Krankenbett, man erduldet Schicksalsschläge und rappelt sich wieder auf. Die Männer spielen in dieser Welt kaum eine Rolle, sie sind Statisten des Familienlebens. (...)
Alles wirkt steif, statisch und übertrieben künstlich, der Film lebt allein von der Präsenz seiner Darstellerinnen und von den brillanten (aber nicht enden wollenden) Dialogen ... Herbert Ross überzieht all das mit einem bunten und klebrigen Zuckerguß. Sein Film ist zu süß, um noch genießbar zu sein.« *(Frank Schnelle, epd Film 4/1990)*

»Kleinere Nebenhandlungen um die einzelnen Figuren umranken die Hauptlinie des Films, der in gut zwei Stunden ein Potpourri von Ereig-

Bei der »Golden Globe«-Verleihung 1990

nissen bietet, die für zehn Ausgaben einer beliebigen Frauenzeitschrift oder für zehn Folgen von ›Dallas‹ ausreichen würden. (...) Das weibliche Sextett, das den Film trägt, führt Herbert Ross mit lockerem Zügel, so daß alle gehörig auf die Tube drücken und das Standardrepertoire falscher Gefühle abspulen können. Das Ganze wirkt so angestrengt auf vorhersehbare Effekte hin kalkuliert, daß selbst bei der Spielfreude der Stars der Funke nicht auf den Zuschauer überspringen will.«

(Peter Hasenberg, film-dienst 5/1990, Nr. 28.166)

»Eine Seltenheit: *Steel Magnolias* ist ein Film der Schauspielerinnen. Und was für Schauspielerinnen. Sechs große Stars (nur Julia Roberts, das kleine Nesthäkchen der Gruppe, ein Wunder, kennen wir in Frankreich noch nicht) sind zu einer halb komischen, halb melodramatischen Chronik vereint. Einige Jahre im Leben von sechs amerikanischen Frauen, gespielt von sechs großen amerikanischen Schauspielerinnen. Ein pures Vergnügen. (...)
Das ist die Geschicklichkeit des Drehbuchs: Die sechs Darstellerinnen sind nicht nur auf dem Plakat vereint, sondern auch in zahlreichen Szenen ... Sie sprechen über ihr Leben, ihre Familien, ihre Träume und ihre Leiden und natürlich die Liebe. (...)
Alle Auftritte der Schauspielerinnen sind ebenso leuchtend wie ihre Kleider und ihre Frisuren, die Charaktere und Situationen sind klar abgegrenzt. Das ist ein Film, der uns dazu bringen will, daß wir uns krumm und schief lachen und wie ein Schloßhund heulen, und der nicht zögert, dazu all seine Mittel einzusetzen. (...)
Hierzu eignet sich die Partitur großartig, und die sechs Darstellerinnen strahlen eine Lebenskraft, eine begeisternde Menschlichkeit aus; sie sind wie sechs Facetten des Ewigweiblichen, man bewundert alle sechs. Und diese sechs zusammen ergeben ein schönes Kino-Geschenk.«

(Marc Esposito, Studio Magazine, No. 35/Mars 1990)

»Nun, eine Stunde lang amüsiert sich Herbert Ross mit seinen Darstellerinnen und entwirft ein aufschlußreiches Porträt einer Quint von Mädchen. Ihre Leben, ihre Lebensgewohnheiten, ihre bevorzugte weltliche Nahrung, ihre Aufmachungen und besonders ihre permanenten Extravaganzen.
Bis dahin ist es, ehrlich, ziemlich lustig, und die Darstellerinnen setzen sich für ihre jeweiligen Rollen mit einer schönen Gesundheit ein und loten dabei vielleicht eine mögliche Oscar-Nominierung aus ... Aber wenn die jüngste (Julia Roberts, in ganzer Schönheit) das Opfer eines grausamen Schicksals wird, ist das verderblich, und der Film wendet sich ohne jegliche Umkehrmöglichkeit hin zu einem höchst unerwarteten, das heißt höchst verkorksten Melodram. Die Erzählung wird auf

die Spitze getrieben und ohne die geringste Überzeugung vorgetragen von einer Equipe, die es offensichtlich vorgezogen hätte, weiter in aller Ruhe loszuprusten.«

(L. B., Première, No. 156/Mars 1990)

Pretty Woman
PRETTY WOMAN. USA 1989.
Regie: Garry Marshall. *Produktion:* Touchstone Pictures, Silver Screen Partners IV. *Produzenten:* Arnon Milchan, Steven Reuther. *Ausführender Produzent:* Laura Ziskin. *Buch:* J. F. Lawton. *Kamera:* Charles Munsky (Farbe). *Schnitt:* Priscilla Nedd, Raja Gosnell. *Musik:* James Newton Howard. *Kostüme:* Marilyn Vance-Straker. *Casting:* Dianne Crittenden. *Production Design:* Albert Brenner. *Darsteller:* Richard Gere (Edward Lewis), JULIA ROBERTS (Vivian Ward), Ralph Bellamy (James Morse), Laura San Giacomo (Kit de Luca), Hector Elizondo (Hotelmanager), Jason Alexander (Philip Stuckey), Alex Hyde-White (David Morse), Amy Yasbeck (Elizabeth Stuckey), Elinor Donahue (Bridget), Patrick Richwood (Dennis, Fahrstuhlführer). *Länge:* 119 Minuten. *Deutsche Erstaufführung:* 5.7.1990. *Video:* Touchstone/Buena Vista Home Video

Julia Roberts ist die Prostituierte Vivian, eine Newcomerin im Job. Eines Nachts begleitet sie den eiskalten Geschäftsmann Edward in seine Suite. Zunächst nur für eine Nacht, dann die ganze Woche. Zunächst auch ist es nur ein Geschäft auf Gegenseitigkeit, ohne Gefühle füreinander, einzig das Geld zählt, doch dann wird es mehr und mehr zu einer Beziehung. Beide beginnen, ihr Herz zu entdecken. Für einander und für die anderen. Sie ändern sich und – nach einigen Konflikten – verlieben sich, trotz der großen gesellschaftlichen Unterschiede, die ihr Zusammenkommen zu einem Kinotraum werden lassen.

»Das Überraschende an *Pretty Woman* ist, daß der Film seine Klischees nicht nur in sympathischer Weise präsentiert, sondern im spielerischen Umgang mit dem (bekannten) Material Zeit und Lust findet, der menschlichen Seite des Stoffes ein wenig näherzukommen. Die Prostituierte ist keine ›richtige‹ Prostituierte und der Geschäftsmann kein ›richtiger‹ Geschäftsmann, sondern das, was man im Kino dafür hält. (...) Die kommerzielle Aufbereitung der richtigen Mischung attraktiver Stars und Milieus, einer Handlungsführung, die (wie sich bereits zeigt) alle Altersgruppen anspricht, effektvoller Musik, Komik und Melodram verspricht diesmal wieder einen sicheren Erfolg an der Kinokasse.«

(Franz Everschor, film-dienst 12/1990, Nr. 28.342)

»Nur im Mittelteil ..., ist *Pretty Woman* für ungefähr zwanzig Minuten wirklich spannend. Das liegt vor allem an der Darstellung der Vivian durch Julia Roberts, die ihre Rolle niemals denunziert. Sie zeigt Vivians Veränderung als Prozeß von ›außen nach innen‹, hält für eine Weile den Widerspruch offen zwischen ihrer neuen damenhaften Garderobe und ihrer unmittelbaren Körpersprache, den großen eiligen Schritten mit aufregendem Hüftschwung, den fahrigen Gesten der langen Arme, der unraffiniert lebendigen Mimik und ihrer direkten Sprache. ›Du siehst wunderbar aus, aber zappel nicht so‹, ist in dieser Übergangsphase der zentrale Satz, den Edward seiner Begleiterin immer wieder zuraunt. Dieses Zappeln von Julia Roberts, bevor sie in einem neuen Stereotyp erstarrt, ist das einzige, was *Pretty Woman* sehenswert macht.«

(Verena Lueken, epd Film 7/1990)

»Marshalls Film scheint, während er Vivians Hintergrund des Straßenlebens eine unheimliche Authentizität gibt, sich weniger mit den sozialen Normen zu beschäftigen (...) als mit der Idee einer ›unmöglichen Beziehung‹. Das zentrale Anliegen des Films ist in der Tat das Abstreifen sozialer Unterschiede, um die gemeinsame Identität freizulegen. Edwards und Vivians gemeinsame Hauptbeschäftigung mit Geld versteckt ihr Fehlen von Vertrauen und Sensitivität und ihr Bedürfnis nach einem gegenseitigen und gleichermaßen befreienden Verhältnis.«

(Verina Glaessner, Monthly Film Bulletin, No. 676/May 1990)

»Als Bonus werden sie (die Zuschauer, d. A.) dieses Mal das Privileg haben, eine junge Schauspielerin zu entdecken, und sie werden sogleich ihrem Charme verfallen ..., sie trägt den Namen Julia Roberts. Willkommen im Star Club. Und – verzeihen Sie diesen etwas altmodischen Ausdruck – sie löst Begeisterung aus. Besser noch, sie verzaubert die Kamera, hypnotisiert und lotst den verstörten Mann in die wattierte Glückseligkeit geläuterter Bewunderung. Kurz, sie ist nett und, mehr noch, sie ist gut. Eine Prinzessin für sofort. Es fällt daher um so schwerer, sich vorzustellen, daß ein ebenso pfiffiges wie grandios schönes Mädchen sich auf den Straßen von Los Angeles wiederfinden

Noch ein »Golden Globe« für ›Pretty Woman‹

könnte, um dort auf den Strich zu gehen (und dabei noch nicht mal teuer!), und trotzdem, seit ihrer ersten Szene fällt man darauf rein.«
(Laurent Bachet, Première, No. 165/Decembre 1990)

»Die Kamera ist verliebt. Jeden Zentimeter des Körpers der jungen Frau tastet sie ab, dezent, aber hartnäckig. Von den zarten Fesseln bis zur sanft geschwungenen Nackenlinie: die junge Frau gehört nur der Kamera, und damit gehört sie jedem einzelnen Zuschauer im Kinosaal. Auch der Zuschauer ist sofort verliebt. Auf geheimnisvolle Weise scheint jeder verliebt, der mit diesem Film zu tun hat: vor, auf und hinter der Leinwand ... Die Schauspieler, allen voran die reizende Julia Roberts und der ewig schmucke Richard Gere, sind verliebt in ihre Rollen, und spätestens am Ende des Films sind auch die Figuren, die sie verkörpern, rettungslos ineinander verliebt.«

(Andreas Obst, Frankfurter Allgemeine Zeitung, 9.7.1990)

»Sie hat eine dermaßen gute Figur, ein so unverschämt sympathisches Grinsen mit dem viel zu großen Mund, bewegt sich so beunruhigend sexy und muß sich, eine ganz gemeine Spekulation, auch noch permanent an- und ausziehen, daß mit Sicherheit das halbe Parkett nur sie anstarrt, mit offenem Mund und vielen unlauteren Gedanken. Jeder männliche Zuschauer ein kleiner Pygmalion.«

(Wolfgang Donner, tip 17/1990)

Flatliners
FLATLINERS. USA 1990.
Regie: Joel Schumacher. *Produktion:* Stonebridge Entertainment. *Produzenten:* Michael Douglas, Rick Bieber. *Ausführende Produzenten:* Scott Rudin, Michael Rachmil, Peter Filardi. *Buch:* Peter Filardi. *Kamera:* Jan de Bont (Farbe). *Schnitt:* Robert Brown. *Musik:* James Newton Howard. *Kostüme:* Susan Becker. *Casting:* Mali Finn. *Production Design:* Eugenio Zanetti. *Special Effects:* Peter Donen. *Darsteller:* Kiefer Sutherland (Nelson), JULIA ROBERTS (Rachel), Kevin Bacon (Dave Labraccio), William Baldwin (Joe), Oliver Platt (Steckle), Kimberly Scott (Winnie Hicks), Joshua Ruddy (Billy Mahoney), Benjamin Mouton (Rachels Vater), Aeryk Egan (Nelson als Junge), Kesha Reed (Winnie als Mädchen), Hope Davis (Anne), Jim Ortlieb (Onkel Dave), John Joseph Duda (Labraccio als Junge), Elinore O'Connell (Rachels Mutter). *Länge:* 111 Minuten. *Deutsche Erstaufführung:* Filmfestival Köln Sept. 1990; 22.11.1990 (Kinostart). *Video:* RCA/Columbia

Julia Roberts spielt die Medizinstudentin Rachel, die sich mit ihren Kommilitonen auf ein gewagtes Experiment einläßt. Sie lassen sich für kurze Zeit in den Tod versetzen und werden mit unbewältigten Erlebnissen ihrer eigenen Vergangenheit konfrontiert und auch im Leben weiter verfolgt. Rachel versteckt sich zeitweise hinter einer Nickelbrille und versucht sich mit ihrem Vater zu »versöhnen«, an dessen Selbstmord sie sich schuldig fühlt.

»Das falsche Gothic-Aussehen ist toll. Und es gibt lebendige Darstellungen der feinen, jungen Besetzung. Aber die Beschreibungen des Lebens danach sind dumm. Und die zentrale Linie der Geschichte, wie des einen Schuld zu Fleisch wird, ist ein wenig banal.
Es ist ein guter Film, aber nicht, wage ich (zu behaupten), der großartige, als welcher er angepriesen wurde.«

(David Aldrigde, Film Review, November 1990)

»Oberflächlich provokativ und zutiefst dumm, beginnt der Film wenigstens mit einer originellen Idee des Drehbuch-Anfängers Peter Filardi ...
Wie immer bei Schumacher, ist die Ausführung das Problem. Die visuellen Darstellungen des Todes haben eine wieder aufgewärmte *2001*-Patina und beinhalten meist das Wiederkäuen banaler Kindheitstraumata ... Obgleich das Buch sich zu solch billigen Tricks herabläßt, bleiben die Schauspieler bewundernswert dicht an ihrer Figur. Roberts verbindet Schönheit mit einer anständigen Leistung, die Aufmerksamkeit verlangt. Ihre privaten Augenblicke mit Bacon und Sutherland besitzen eine emotionale Intensität, die unwiderstehlicher ist als der ganze Zauber im Laboratorium.«

(Rolling Stone, 9.8.1990)

»Das Gefühl der Manipulation kommt von daher, daß der Film diesen neumodischen ›Existentialismus‹ als ein philosophisches Ideal präsentiert, auch wenn es sich nur um die Haltung eines Pennälers handelt. Nicht zufrieden, uns diese sehr konventionellen Pseudo-Alpträume aufzudrängen, filmt sie Joel Schumacher auch noch in bizarren Blickwinkeln, in prätentiösen und unnötig barocken Dekors.«

(J.-P. C., Première, No. 166/Janvier 1991)

»Schumacher macht da sehr mutig Front gegen den gegenwärtigen Standard des Horrorgenres, er baut die Schlüsselszenen sehr sorgfältig auf, er verzahnt Realität und Erinnerung, Einst und Jetzt in einer zeitweise virtuosen Montage ... Die größten Schwachpunkte hat der Film

Philosophische Spekulationen hinter hübscher Stirn

hingegen da, wo er am schnellsten wird; wenn es darum geht, die klinisch Toten ins Leben zurückzuholen.«

(Peter Strotmann, film-dienst, 23/13.11.1990, Nr. 28.605)

»Wenn Hollywood im allgemeinen und Joel Schumacher im besonderen nun einen ernsthaften Film über Leben und Tod und Leben nach dem Tod wagt, dann ist das zunächst einmal ein mutiger Schritt: auf ein neues, holpriges, ästhetisch (und kommerziell) unerschlossenes Terrain. Daß in einem Hollywood-Film nicht leichtfertig und inflationär gestorben wird, sondern der Tod und beiläufig auch Alterung und Verfall im Zentrum einer Geschichte stehen: das hat nach wie vor Seltenheitswert.« *(Frank Schnelle, epd Film 12/1990)*

»Gemessen an den unendlichen philosophischen Spekulationen über das Leben nach dem Ableben, wirken Schumachers Exkursionen ins Jenseits wie bunt illustrierte Fußnoten eines Trivialautoren: Grelle Alpträume längst verdrängter Kindheitssünden, die in Manier einer Cannes-Rolle durch die Hirne der selbsternannten Versuchskaninchen jagen. (...)
Flatliners präsentiert die Versatzstücke des gotischen Horrors in moderner Videoclip-Ästhetik, veredelt mit einem zugkräftigen Jungstar-Ensemble.« *(bt., Cinema 150/November 1990)*

Der Feind in meinem Bett
SLEEPING WITH THE ENEMY. USA 1990.
Regie: Joseph Ruben. *Produktion:* 20th Century Fox. *Produzent:* Leonard Goldberg. *Ausführender Produzent:* Jeffrey Chernov. *Buch:* Ronald Bass, nach dem Roman von Nancy Price. *Kamera:* John W. Lindley (Farbe). *Schnitt:* George Bowers. *Musik:* Jerry Goldsmith. *Kostüme:* Richard Hornung. *Casting:* Karen Rea. *Production Design:* Doug Kraner. *Darsteller:* JULIA ROBERTS (Laura Burnley/Sara), Patrick Bergin (Martin), Kevin Anderson (Ben), Elizabeth Lawrence (Chloe), Kyle Secor (Fleishman), Claudette Nevins (Dr. Rissner), Tony Abatemarco (Locke), Marita Geraghty (Julie), Harley Venton (Garber), Nancy Fish (Frau im Bus), Bonnie Cook (Mrs. Nepper), Graham Harrington (Priester). *Länge:* 98 Minuten. *Deutsche Erstaufführung:* Internationale Filmfestspiele Berlin 16.2.1991; 7.3.1991 (Kinostart). *Video:* Fox Video

Julia Roberts ist die gepeinigte Ehefrau des psychopathischen Patrick Bergin. Einen Unfall beim Segeln nutzt sie, den eigenen Tod vorzutäuschen und mit neuer Identität ein anderes Leben zu beginnen. Doch der Ehemann findet ihre Spur und setzt ihr nach. Die neugewonnene Idylle mit dem Schauspiellehrer Kevin Anderson ist einer tödlichen Gefahr ausgesetzt.

»Schade, daß man von einer annehmbaren Idee aus bei einem trostlos vorhersehbaren Thriller landet. Die Fäden sind Seile, und der Film ist vollgestopft mit Unwahrscheinlichkeiten, wie auch Ruben sich genötigt sieht, jeden noch so kleinen Effekt heftig mit einer äußerst anmachenden Musik zu unterlegen. Glücklicherweise gibt es Julia Roberts. Was sie auch macht, man hat Augen nur für sie. Allein durch ihre strahlende Präsenz macht sie Laura zu einer mörderischen Frau, vibrierend und verletzlich, aber ebenso entschlossen. Es ist die Besonderheit von wirklichen Stars, unbeschädigt aus mißglückten Filmen herauszukommen.«
(Jean-Paul Chaillet, Première, No. 168/Mars 1991)

»Die Produzenten hatten Glück. Julia Roberts war bereits unter Vertrag, bevor sie durch ihre Rolle in *Pretty Woman* Starruhm erlangte. Nancy Price, die Autorin des dem Film zugrundeliegenden Romans, hatte weniger Glück. Ihre in bescheidenen Verhältnissen angesiedelte Geschichte einer mißhandelten Ehefrau wurde nach Julia Roberts' kometenhaftem Aufstieg zu einem Vehikel für den Star umgeschrieben und verlor dadurch nicht nur das glaubwürdige alltägliche Milieu, sondern auch die Ernsthaftigkeit der Auseinandersetzung mit den psychischen Folgen einer auf Unterdrückung und Gewalttätigkeit aufgebauten Ehe. Der Film ist ein Stück modischen Hochglanz-Kinos, in dem Schickeria und wohlfeile Romantik abwechselnd das Bild und klischeehafter Terror die Gefühlsebene beherrschen. (...)
Julia Roberts, von starker Regiehand verlassen, ist auch nicht mehr als ein hübsches Lärvchen, dem man die Unterwerfung eher abkauft als den erwachten Lebenswillen.«
(Franz Everschor, film-dienst, 5/1991, Nr. 28.797)

Der Film *Der Feind in meinem Bett,* den man eigentlich nur aufgrund seiner Länge von den vorhergehenden Werbespots unterscheiden kann, schwelgt im gediegenen Lifestyle, in dem die geschmackvoll frisierten Darsteller vor allem zur Wohnungseinrichtung passen müssen. (...)
Die Hollywoodschablone ist offensichtlich: Zuerst wird die prominente Schauspielerin, Julia Roberts, unter Vertrag genommen, dann werden für einen Bruchteil ihrer Gage ein paar Männergesichter dazu verpflichtet, die Story wird aus den genretypischen Bausteinen zusammengesetzt, den Rest des Inhalts liefert der Innenarchitekt.«
(Jürgen Richter, Frankfurter Allgemeine Zeitung, 13.5.1991)

»*Der Feind in meinem Bett* ist ein Thriller aus der Retorte, ein Bausatz aus genormten Fertigteilen, die jeder Regie-Routinier mühelos verarbeiten kann. Schon die Exposition des Films erweist sich als bloße Dekor-Schwelgerei. (...)
Neben der Vollstreckung dieses Tötungswunsches findet Kameramann John Lindley allerdings noch Zeit, in Serie Porträts von Julia Roberts zu verfertigen: im Profil, en face, von oben, von hinten und ohne Rücksicht auf die Dramaturgie. (...)
Derart eingerahmt, kommt Julia Roberts nicht los von ihrem noch jungen, aber einprägsamen Image. Die ›pretty woman‹ vom Asphalt, die als Aschenputtel auf nichts sehnlicher wartet denn auf den Mann, der sie von der Prostitution erlöst, ist das unschuldige Opfer, das der Männerhilfe bedarf. Statt sich nach dem Ehetrauma allein zu behaupten, widersteht sie nur halbherzig und kurzfristig dem Werben Bens. Eine Frau, die sich ohne Mann definieren will, kommt in Hollywood-Filmen gerade bis zum Gartenzaun.« *(Peter Körte, epd Film 4/1991)*

»Julia Roberts schafft es auszubrechen, die Furie der Leidenschaft von Patrick Bergin jedoch spürt sie auf. Es ist traurig mitanzusehen, wie der Film sich zusehends selbst zerstört, in dem Maß, indem ihn Regie (Joseph Ruben) und das Drehbuch zum Starvehikel für Julia Roberts umfunktionieren, was aber ihre Präsenz und ihren inspirierten Charme nicht zerstört.«
(Brigitte Desalm, Kölner Stadtanzeiger, 9/10.3.1991)

»Der Psychothriller enttäuscht durch eine klischeehafte Handlung, deren Wendungen früh abzusehen sind. Der überzogene Schluß kopiert unverhohlen den Showdown aus *Eine verhängnisvolle Affäre*. Auch Hollywood-Superstar Julia Roberts kann unter der Regie von Joseph Ruben dem Stereotyp des unterdrückten Weibchens keine fesselnden Nuancen abgewinnen.«
(Horst Schäfer/Walter Schobert. Fischer Film Almanach 1992)

»Daß Joseph Rubens Versuch, mit *Der Feind in meinem Bett* das eheliche Kriegsgeschehen im Kino um eine weitere verhängnisvolle Affäre zu variieren, sich in Amerika als Volltreffer erwies, liegt wohl kaum an der unfreiwilligen Komik des Films, sondern einzig an seiner Hauptdarstellerin Julia Roberts. Die siegt seit *Pretty Woman* einfach immer, und das mit nichts anderem als einem entwaffnend breiten Lächeln.« *(Der Spiegel, März 1991)*

Entscheidung aus Liebe – Die Geschichte von Hilary und Victor
DYING YOUNG. USA 1990.
Regie: Joel Schumacher. *Produktion:* Fogwood Films für 20th Century Fox. *Produzenten:* Sally Field, Kevin McCormick, Duncan Henderson. *Buch:* Richard Friedenberg nach dem Roman »Dying Young« (Wen die Götter lieben) von Marti Leimbach. *Kamera:* Juan Ruiz Anchia (Farbe). *Schnitt:* Robert Brown. *Musik:* James Newton Howard. *Kostüme:* Susan Becker. *Casting:* Mary Goldberg. *Production Design:* Guy J. Comtois. *Darsteller:* JULIA ROBERTS (Hilary O'Neil), Campbell Scott (Victor Geddes), Vincent D'Onofrio (Gordon), Colleen Dewhurst (Estelle Whittler), David Selby (Richard Geddes), Ellen Burstin (Mrs. O'Neil), Dion Anderson (Cappy), George Martin (Malachi), A. J. Johnson (Shauna), Daniel Beer (Danny), Behrooz Afrakhan (Moamar). *Länge:* 106 Minuten. *Deutsche Erstaufführung:* Kölner Filmfest Sept. 1991; 3.10.1991 (Kinostart). *Video:* Fox Video

Julia Roberts ist Hilary, ein einfaches Mädchen mit Beziehungsproblemen und ohne Job. Deshalb ist sie froh, bei dem schwerreichen, krebskranken Victor eine Stelle als Krankenschwester zu bekommen. Der Patient verliebt sich alsbald in sie, auch Hilary fühlt Zuneigung. Bei einem gemeinsamen, langen Urlaub werden die beiden ein Paar, doch die scheinbare Besserung von Victors Krankheit ist nur vorübergehend. Nach einigen kleinen Krächen beschließt man, den Kampf gegen den Krebs gemeinsam durchzustehen.

»An Hauptdarsteller Campbell Scott liegt es nicht ... Auch Julia Roberts, seine Geliebte, gibt eine ordentliche Vorstellung. Das Problem heißt, wieder einmal, Joel Schumacher. Der rührige Regisseur ... hatte schon mit *Flatliners* bewiesen, daß er es wie kaum ein anderer versteht, eine an sich interessante Story zu quälender Belanglosigkeit zu verdammen.«
(gg, Cinema, Nr. 161/Oktober 1991)

»Natürlich legt es der Film auf nichts weniger an als auf den Beifall der Kritiker. Nicht sie, sondern die zahllosen Julia-Roberts-Fans sollen schließlich die Kassen zum Klingeln bringen. Zweifellos wird diese Rechnung aufgehen, doch anders als mit (wiederum recht zynischer) Mißachtung dieses Publikums läßt sich die schlampige Machart des Films mit gelegentlich abrupten Brüchen im Erzählduktus nicht erklären.«
(Stefan Lux, film-dienst 19/17.9.1991, Nr. 29.136)

Mit Andy Garcia (›The Godfather, Part III‹) auf einer Preisverleihung der amerikanischen Kinobesitzer in Las Vegas

»Im zweiten Teil ..., hat Julia Roberts in geblümten Kleidern und legeren Pullovern, zwischen Holzwänden, Klöppelspitze und Schachteln mit makrobiotischen Lebensmitteln Gelegenheit, ihr Image als romantische Naturschönheit zu entfalten, das bereits Joseph Rubens Film *Der Feind in meinem Bett* so aufdringlich ausstellte. Das bloß Dekorative triumphiert schließlich über den Gehalt: Die ohnehin dünne Storyline zerfällt zu einer Serie pastoral-beschaulicher Szenen ...« *(Sabine Horst, epd Film 10/1991)*

»Auch diesmal ist Julia Roberts eine Lower-class-Schönheit, der es unter geschickter Zuhilfenahme eines superkurzen roten Minirocks und des umwerfenden Charmes ihres Lächelns gelingt, in die Gesellschaft der oberen Zehntausend aufzustöckeln. Und auch diesmal bekommt man das schöne Kind nicht umsonst, wenn auch – das muß eingeräumt werden – die Preise im Vergleich mit ›Pretty Woman‹ deutlich gefallen sind.«

(Claudia Wefel, Frankfurter Allgemeine Zeitung, 4.10.1991)

»Mädchen trifft Jungen. Junge engagiert Mädchen als Krankenschwester. Mädchen entdeckt, daß der Junge stirbt – jung. Die gute Nachricht ist, daß Julia Roberts einen Minirock trägt und die Bedeutung von Wahnsinnsbeinen neu definiert. Die schlechte Nachricht ist, daß wir nicht einen Funken Sympathie für diese vom Schicksal geschlagenen Liebenden verspüren können. (...)
Zu sagen, *Dying Young* ist manipulativ, wäre, wie Julia Roberts zu beschuldigen, schön zu sein. (...)
Dennoch, Ms. Roberts entledigt sich ihrer dramatischen Szenen überzeugend ...«

(James Cameron-Wilson, Film Review, September 1991)

»Nur die Liebhaber des Melodrams kommen auf ihre Kosten. Und man wartet immer noch, daß Julia ihren exzellenten Versuch von *Pretty Woman* in einen wirklichen Treffer verwandelt.«

(Alain Bouzy, Première, No. 175/Octobre 1991)

Hook
HOOK. USA 1991.
Regie: Steven Spielberg. *Produktion:* Amblin Entertainment für Tristar/Sony Pictures Entertainment. *Produzenten:* Kathleen Kennedy, Frank Marshall, Gerald R. Molen. *Ausführende Produzenten:* Dodi Fayed, Jim V. Hart. Buch: Jim V. Hart, Malia Scotch Marmo, nach einer Idee von Jim V. Hart und Nick Castle und dem Bühnenstück und Büchern von J. M. Barrie. *Kamera:* Dean Cundey (Farbe). *Schnitt:* Michael Kahn. *Musik:* John Williams. *Kostüme:* Anthony Powell. *Casting:* Janet Hirshenson, Jane Jenkins, Michael Hirshenson. *Production Design*: Norman Garwood. *Visuelle Effekte:* John Napier, Eric Brevig. *Darsteller:* Dustin Hoffman (Captain James Hook), Robin Williams (Peter Banning/Peter Pan), JULIA ROBERTS (Tinkerbell/»Glöckchen«), Bob Hoskins (Smee), Maggie Smith (Grandma

Wendy), Caroline Goodall (Moira), Charlie Kosmo (Jack), Amber Scott (Maggie), Laurel Cronin (Liza), Phil Collins (Inspektor Good), Arthur Malet (Onkel Tootles), Isaiah Robinson (Pockets), Jasen Fisher (Ace), Dante Basco (Rufio), Raushan Hammond (Thud Butt), Glenn Close (Pirat). *Länge:* 135 Minuten. *Uraufführung:* 10.12.1991. *Deutsche Erstaufführung:* 26.3.1992

Julia Roberts spielt das winzige Phantasiewesen Tinkerbell, zu deutsch »Glöckchen«, das den zum Rechtsanwalt mutierten Peter Pan ins Nimmerland bringt, wo er die Imagination seiner Kindheit wiederentdeckt und dadurch die Kraft erlangt, gegen seinen alten Widersacher Kapitän Hook zu kämpfen, der seine beiden Kinder entführt hat. Nur einmal, ganz kurz, nimmt Tinkerbell Normalgröße an, um Peter einen echten Kuß geben zu können. Ansonsten ist sie auf Däumlingsgröße geschrumpft und nur eine Randfigur in dem aufwendigen Abenteuerfilm.

»Als Tinkerbell ist Roberts besser dran als ihre Kostars. Ihr Charakter hat nicht die Verpflichtung zu versuchen, die ohnehin schon überfüllte Leinwand weiter zu füllen. Könnte es möglicherweise sowieso nicht, denn sie ist nur eine winzig kleine Fee, ein paar Zentimeter groß. Aber Roberts ist kunstvoll, ungekünstelt und etwas, das Hook nur einige Zeit ist – leicht auf ihren Flügeln.«

(Richard Schickel, Time, December, 16, 1991)

»*Hooks* Botschaft hausgemachter, familiärer Werte benötigt kaum die Art von drängelndem Aufschwatzen, die es hat: Man dächte, ein Film über die Kraft der Imagination ließe mehr Platz für deine eigene. Julia Roberts' emsige, elfenhafte Tinkerbell versinnlicht das Problem: Sie ist weniger eine feenhafte Muse als ein fingerhutgroßer Cheerleader des Georgia Technikums. (...)
Eine gute halbe Stunde zu lang und wirklich dringend einige Schocks benötigend, erweist sich *Hook* als ein Film wie ein riesiger Partykuchen mit viel zuviel Zuckerguß. Nach dem ersten köstlichen Biß setzt der Zuckerschock ein.«

(David Ansen, Newsweek, January, 6, 1992)

»Es geht ums Wunderbare und ums Unwahrscheinliche im Kino des Steven Spielberg, und die Geschichten, die er erzählt, sind bloß Vehikel, die Wunder in Schwung zu bringen und das Realitätsprinzip außer Kraft zu setzen. Die Storys der meisten Spielberg-Filme lassen

sich in drei Sätzen referieren, und für *Hook,* den neuesten, braucht man auch nicht viel mehr. (...)
Hook ist ein Film voller Konjunktive; er zeigt, was möglich wäre, nicht das, was wirklich ist; und unter diesen Möglichkeiten kann man wählen, was einem paßt. Die Botschaft heißt: Wünsch dir was!«
(Der Spiegel, Nr.13/23.3.1992)

»Die Flugszenen sind einmalig. Nie zuvor sah man Menschen so wundervoll geschmeidig fliegen wie Robin Williams und Julia Roberts. 70 Millionen Dollar hat Spielberg für den Film ausgegeben, aber verdammt, man sieht jeden Cent. (...)
Sein Film ist eine wilde Mischung aus Kinderromantik, Ironie, Sentimentalität und Humor. *Hook* ist pralle Phantasie, überladen, kitschig, voller Blödsinn, und, Nimmerlands buntem Himmel sei Dank, niemals sticht ein hochgereckter pädagogischer Zeigefinger durch die Leinwand.« *(Karl Wegmann, taz, 26.3.1992)*

»*Hook* ist das größte gemeinsame Vielfache, in dem alle Altersgruppen und Bevölkerungsschichten bedient werden. So wird das Märchen zur Retorte. (...)
Natürlich bietet das Spektakel dennoch jede Menge Spiel, Spaß und Spannung. Und Robin Williams als Peter Pan, Dustin Hoffman als Hook, Julia Roberts als gute Fee Tinkerbell ... sind dabei offensichtlich auch auf ihre Kosten gekommen. Aber in diesem Reich der eingetragenen Warenzeichen gibt es keine unschuldigen Vergnügungen mehr. Und so sieht *Hook* aus, als habe Spielberg an seinem Kindheitstraum ein Rechenexempel statuiert.«
(Michael Althen, Süddeutsche Zeitung, 27.3.1992)

The Player
THE PLAYER. USA 1991
Regie: Robert Altman. *Produktion:* Avenue Pictures, Spelling Entertainment. *Produzenten:* David Brown, Michael Tolkin, Nick Wechsler. *Buch:* Michael Tolkin nach seinem gleichnamigen Roman. *Kamera:* Jean Lepine (Farbe). *Schnitt:* Geraldine Peroni. *Musik:* Thomas Newman. *Kostüme:* Alexander Julian. *Production Design:* Stephen Altman. *Darsteller:* Tim Robbins (Griffin Mill), Greta Scacchi (June Gudmundsdottir), Fred Ward (Walter Stuckel), Whoopi Goldberg (Susan Avery), Peter Gallagher (Larry Levy), Dean Stockwell (Andy Civel-

la), Vincent D'Onofrio (David Kahane), Richard E. Grant (Tom Oakley), Susan Sarandon, Anjelica Huston, James Coburn, Nick Nolte, Lyle Lovett, Burt Reynolds, Patrick Swayzee, Dina Merrill, Sydney Pollack, Peter Falk, Bruce Willis, JULIA ROBERTS. *Länge:* 124 Minuten. *Uraufführung:* Mai 1992, Filmfestival Cannes. *Deutsche Erstaufführung:* 28.6.1992 (Filmfest München), 2.7.1992 (Kino)

Julia Roberts spielt sich selbst: eine Schauspielerin. Robert Altmans bissige Hollywood-Satire um einen erfolgsgierigen Produzenten, der den vermeintlichen Autor von Drohpostkarten umbringt und sich dann vom wahren Verfasser, einem erfolglosen Drehbuchautor, verfolgt sieht, hält der Traumfabrik einen Spiegel vor, wie er wahrer nicht sein könnte. Wie da die Realität in ein Film-Happy-End umgebogen, wie Ambitionen, Sex und Mord miteinander verwoben sind, machte aus dem Film das Meisterwerk des Jahres 1992. Die Stars hatten sich darum gerissen, mitwirken zu können, und dies nur für die offizielle Schauspieler-Mindestgage. »Ich mache einen Film über Hollywood«, sagte Altman. »Das bedeutet, sie kommen und spielen ihre eigene Rolle. Sie haben gelacht und sind gekommen.« Julia Roberts tritt am Ende auf, im Film im Film. Sie spielt eine junge Frau, die auf dem elektrischen Stuhl sitzt und in Kürze hingerichtet werden soll. Da taucht Action-Star Bruce Willis auf, rettet sie in letzter Sekunde und trägt sie auf seinen Armen davon.

»Eine sehr böse, sehr präzise und sehr unterhaltsame Hollywood-Satire. Die modernen Manager der Filmstadt lügen, betrügen und intrigieren wie die Mafiosi (...). Eine Welt, bestimmt von Geld, Gier, Gewinn, Gewalt. Und von viel Dummheit. Nach Altman ist das ultimative Hollywood-Schlammbad eine Metapher für die organisierte Habgier der USA in den 80ern.« *(Wolf Donner, tip 14/1992)*

»Bissige Untersuchung von Hollywoods Gier und Macht, von einem ewig abtrünnigen Altman fast auf der Spitze seiner Form. Ausgelassene Darstellerleistungen, eine große Anzahl von Star-Cameos, *viele* Insider-Witze.« *(Leonard Maltin's Movie and Video Guide 1993)*

»Mit Unerbittlichkeit, aber ohne Plumpheit, hält er ganz Hollywood einen Vergrößerungsspiegel unter die Nase, der die Stars und Produzenten auf finstere und groteske Masken reduziert. (...) Noch stärker, hat er die Hälfte der amerikanischen Stars überredet, sich selbst zu spielen. So karikieren sich etwa Julia Roberts und Bruce Willis selbst in einem unwahrscheinlichen Melodram.«

(Alain Bouzy, Première, Special Cannes, No. 183/Juin 1992)

Die Akte
THE PELICAN BRIEF. USA 1993
Regie und Buch: Alan J. Pakula, nach dem gleichnamigen Roman von John Grisham. *Produzenten:* Alan J. Pakula, Pieter Jan Brugge für Warner Bros. *Kamera:* Stephen Goldblatt (Farbe). *Schnitt:* Tom Rolf, Trudy Ship. *Musik:* James Horner. *Kostüme:* Albert Wolsky. *Casting:* Alixe Gordon. *Production Design:* Philip Rosenberg. *Darsteller:* JULIA ROBERTS (Darby Shaw), Denzel Washington (Gray Grantham), Sam Shepard (Thomas Callahan), John Heard (Gavin Verheek), Tony Goldwyn (Fletcher Coal), James B. Sikking (Denton Voyles, FBI-Direktor), William Atherton (Bob Gminski, CIA-Direktor), Robert Culp (Präsident), Stanley Tucci (Khamel), Hume Cronyn (Rosenberg), John Lithgow (Smith Keen). *Länge:* 141 Minuten. *Uraufführung:* 8.12.1993. *Deutsche Erstaufführung:* 10.3.1994

Julia Roberts war das Vorbild für die Jurastudentin Darby Shaw, Hauptfigur des von John Grisham geschriebenen – und zugleich an Hollywood verkauften – Thrillers »The Pelican Brief« (Die Akte). Darby entdeckt bei ihren Recherchen nach der Ermordung zweier Richter den Zusammenhang zwischen beiden Verbrechen. Die Akte, die sie darüber anfertigt, bringt Washington, den Präsidenten, das FBI, die CIA und diverse Dunkelmänner in helle Aufregung. Von nun an ist Darby, langbeinig und rothaarig, auf der Flucht vor diversen Killern. Als verfolgte Unschuld, die nur in dem unbestechlichen Reporter Gray Grantham Unterstützung findet, bietet die Rolle Julia Roberts wenig Entfaltungsmöglichkeit, doch ein gelungenes Comeback nach zweijähriger Leinwandabstinenz ist es allemal.

»Denn selbst wimmernde oder wummernde Musik kann nicht verdecken, wie konstruiert Grishams Plot ist, zu schweigen von Dialog und Figuren. Wer mag schon glauben, daß ein Präsident zugunsten eines mächtigen Wahlkampf-Spenders (...) die Mörder zweier umweltbewußter Richter decken könnte? Und warum kommt Darbys Widersachern unentwegt der blanke Zufall in die Quere?«

(Der Spiegel, Nr. 10/7.3.1994)

»Eine eigens für sie geschriebene Rolle spielend, ist Julia Roberts sensationell als Darby Shaw, Jurastudentin auf der Flucht (...).
Mit all den Beschreibungen einer langbeinigen, rothaarigen Schönheit im Buch fällt es nicht schwer, herauszufinden, an wen Grisham gedacht hat, und Roberts ist schlichtweg großartig, wenn sie Darbys anfängliche Verwirrung ausdrückt, der dann Einfallsreichtum und eiserne Entschlossenheit folgen.« *(Brian Lowry, in: Variety. The International Entertainment Weekly, Dec. 20, 1993)*

»In der Tat hilft uns Julia Roberts lange über die Runden: Ihre Darby Shaw ist zwar zu schön und zu reich, um wahr zu sein, aber sie bringt eine sympathieerweckende Verletzlichkeit mit. Roberts' Auftritt, ihre erste Hauptrolle seit *Dying Young,* verdeutlicht selbst in dieser wenig entwicklungsreichen Rolle, was Hollywood und uns verlorengegangen wäre, wenn ihre Pause noch länger ausgefallen wäre.«
(Milan Pavlovic, Kölner Stadtanzeiger, 12./13.3.1994)

»Eigentlich hätte Alan J. Pakula diese Story zum Meisterwerk veredeln müssen. (...) Diesmal leider nicht. Diesmal lieferte der clevere Vielschreiber John Grisham die nicht sonderlich schlüssige Vorlage (...), die hier vor allem eins ist: Startrampe für das Comeback von ›Pretty Woman‹ Julia Roberts. Letztere kann wunderbar waidwund die Augen aufreißen und die Grazie einer gehetzten Gazelle verströmen. Daß sie hingegen die vertrackte Affäre um Ölfelder und Vogelparks, Polit-Prominenz und Geldadel im Alleingang aufklärt, wagt man gelinde gesagt zu bezweifeln.«
(Hartmut Wilmes, Kölnische Rundschau, 12.3.1994)

»Es handelt sich hierbei um eine aufwendige Prestige-Produktion, um die Rückkehr von Julia ›Pretty Woman‹ Roberts auf die Leinwand zu feiern. Julia ist von nun an fest entschlossen zu beweisen, daß sie eine dramatische Schauspielerin ist. Das Gesicht gespannt, besorgte Miene, besteht der Star hartnäckig darauf, den ganzen Film lang ernsthaft spielen zu wollen. Das gelingt nicht immer. Glücklicherweise lächelt sie manchmal ihr breites Lächeln und wirft ihr opulentes Haar zurück.« *(Jean-Paul Chaillet, Première, No. 204/Mars 1994)*

I Love Trouble – Nichts als Ärger
I LOVE TROUBLE. GB/USA 1993/94.
Regie: Charles Shyer. *Produktion:* Caravan Pictures/Touchstone Pictures. *Produzenten:* Nancy Meyers, Bruce A. Block. *Buch:* Charles Shyer, Nancy Meyers. *Kamera:* John Lindley. *Schnitt:* Paul Hirsch, Walter Murch, Adam Bernardi. *Musik:* David Newman. *Ausstattung:* Dean Tavoularis. *Kostüme:* Susan Becker. *Darsteller:* JULIA ROBERTS (Sabrina Peterson), Nick Nolte (Peter Brackett), Saul Rubinek (Sam Smotherman), James Rebhorn (The Thin Man/Der dünne Mann); Robert Loggia (Matt Greenfield), Kelly Rutherford (Kim), Olympia Dukakis (Jeannie), Marsha Mason (Senatorin Gayle Robbins), Eugene Levy (Justice of the Peace/Friedensrichter), Charles Martin Smith (Rick Medwick). *Länge:* 123 Minuten. *Uraufführung:* 29.6.1994. *Deutsche Erstaufführung:* 15.9.1994

Julia Roberts in einem romantischen Thriller, das war nach *The Pelican Brief* nicht neu. Neu aber war, daß sie in einem Film mitspielen würde, der Spannung mit Komik verbinden wollte, und daß sie, die romantische Heldin, sich in komischen Szenen bewähren mußte. Nur wenige Tage nach Abschluß der Dreharbeiten zu Pakulas Polit-Thriller stand sie also für den Komödienregisseur Charles Shyer (*Father of the Bride*, 1991) vor der Kamera. Ihre Rolle: eine ehrgeizige Nachwuchsjournalistin namens Sabrina Peterson. Die recherchiert für ihre Zeitung, den »Chicago Globe«, die Ursachen eines schweren Eisenbahnunglücks, bei dem einige Passagiere ums Leben kamen. Ihr gelingt es tatsächlich, einen betrunkenen Mitarbeiter der Eisenbahngesellschaft als scheinbar Verantwortlichen zu entlarven. Ihre Titelstory bringt den Chefredakteur des Konkurrenzblattes »Chicago Chronicle« auf die Palme, vor allem, weil sein Star-Reporter Peter Brackett nichts herausgefunden hat. Brackett hat ohnehin seine Spürnase für Geschichten gegen Zynismus eingetauscht. Alkohol und Frauen sind ihm lieber als ermüdende Recherchen. Zudem hat er gerade seinen ersten Roman veröffentlicht. Doch Sabrinas Erfolg rüttelt den alten Zeitungshaudegen wieder wach. Ein bißchen erleichtert wird sein Sinneswandel durch die Aussicht, der attraktiven Jungkollegin dabei vielleicht näherzukommen. Nachdem sich beide anfänglich falsche Fährten legen und jeder den anderen zu übertreffen sucht, beschließen sie dann doch, gemeinsam die Eisenbahnkatastrophe aufzuklären. Zwar hoffen beide, den anderen später auszutricksen, doch das Unglück wird zu einem Kriminalfall. Der scheinbar Schuldige hat nämlich ein Alibi, das Unglück entpuppt sich als Sabotageakt. Mit allem, was im Kino wohl dazugehört: Mikrofilme, Aktenkoffer, Geheimagenten und Mietkiller. Die beiden Reporter entdecken in der Folge nicht nur, daß es um Gentechnologie geht und ein Chemieunternehmen im ländlichen Wisconsin in den Fall verwickelt ist, sondern sie entdecken auch ihre Gefühle füreinander. Mit überraschenden Folgen. So befinden sie sich plötzlich auf der Flucht vor einem Killer, flüchten sich in Las Vegas in eine Kapelle und verlassen sie als frisch getrautes Ehepaar. Nachdem also privat alles geregelt scheint, steht die endgültige Aufklärung des Falles, mit einem spektakulären Action-Ende, das unser Reporterpärchen erfolgreich übersteht, natürlich.

Der Film zählte im amerikanischen Kinosommer 1994 zu den großen Enttäuschungen. Bei den gerade achtundzwanzig Millionen Dollar Einspiel nach acht Wochen, die die vermutlich mindestens so hohen Produktionskosten nicht einmal decken, blieb *I Love Trouble* nicht nur unter den Erwartungen, sondern beschädigte auch geringfügig das Erfolgsimage von Julia Roberts. Denn diese ist ebensowenig Katharine oder Audrey Hepburn wie Nolte Spencer Tracy oder Cary Grant, die offensichtlich Pate gestanden haben bei der Entwicklung der Figuren. Shyers Film hat nicht die verbale und rhythmische Spritzigkeit der Hollywood-Komödien aus den dreißiger und vierziger Jahren, die häufig im Zeitungsmilieu (»newsroom classics«) spielten.

Roberts' bezaubernder Charme, immer auch ein wenig von Naivität geprägt, korrespondiert nicht mit der Figur, die sie verkörpert. Eine ehrgeizige, trickreiche und gelegentlich hinterhältige Reporterin – das paßt so gar nicht zu ihrem einnehmenden Wesen. Charles Shyer, Regisseur und – zusammen mit seiner Frau Nancy Meyers – auch Autor, ließ leider einige Ungereimtheiten passieren, die die Glaubwürdigkeit der Reporterin doch beeinträchtigen. So wirkt es schon merkwürdig, ja lächerlich, wenn Julia Roberts in Stöckelschuhen durchs Katastrophengelände läuft. In den Liebesszenen mit Nick Nolte, dessen kernige Präsenz auch hier ungebrochen bleibt, zeigt sich außerdem eine Prüderie, die zwar typisch für Disney (dessen Filiale Touchstone produzierte), aber schädlich für die latente Erotik des ungleichen Pärchens ist. Es scheint, als wolle keiner das »reine« Image von Julia Roberts verunreinigen, was schade für die Schauspielerin ist, deren Leinwandattraktivität dadurch nicht beeinträchtigt, deren schauspielerischer Ausdruck aber limitiert wird. Vielleicht ändert sich dies bei ihren anschließenden Projekten. So stand sie von Juni bis Oktober 1994 für den Briten Stephen Frears (*Sammy and Rosie Get Laid*, 1987; *Dangerous Liaisons*, 1988) vor der Kamera, in dem Kostümfilm *Mary Reilly*. Sie spielt das Dienstmädchen eines bekannten Arztes: Dr. Jekyll.

Prêt-à-porter
Regie: Robert Altman. *Darsteller:* Anouk Aimée (Simone Lo), Lauren Bacall, Lyle Lovett (texanischer Stiefelmacher), Rupert Everett (Jack Lo), Rossy De Palma, JULIA ROBERTS

Robert Altman wird nach seinem Film über die internationale Modeszene und ihre nervös-hysterischen und lächerlichen Protagonisten, dargestellt von zahlreichen Stars und echten Models, das Erfolgsstück von Tony Kushner, »Angels in America«, für die Leinwand adaptieren. Als Mitwirkende werden unter anderem genannt: Al Pacino, Daniel Day-Lewis, Jodie Foster, Tim Robbins und – Julia Roberts.

Mary Reilly
GB/USA 1994
Regie: Stephen Frears. *Buch:* Christopher Hampton. *Produktion:* TriStar, Lynn Pleshette. *Darsteller:* JULIA ROBERTS (Mary Reilly), John Malkovich (Dr. Jekyll), Glenn Close

Drehbeginn war der 2. Juni 1994 in den Londoner Shepperton-Studios. Diese neue Version von »Dr. Jekyll and Mr. Hyde« schildert die berühmte Horror-Geschichte aus der Sicht des Dienstmädchens des experimentierfreudigen Doktors.

IN VORBEREITUNG

Mit zwölf Millionen Dollar soll Julia Roberts die bislang höchste Gage einer US-Schauspielerin für ihre Mitwirkung in einer Neuverfilmung von George Cukors *The Women* (1939, Die Frauen) erhalten. Roberts spielt die Rolle von Joan Crawford, Meg Ryan die von Norma Shearer. Voraussichtlicher Drehbeginn: Herbst 1995. Zuvor aber soll sie in *Grace under Pressure* und *Tracks* mitspielen. *Grace under Pressure* wurde von Callie Khouri, der Koautorin von *Thelma and Louise* (Ridley Scott, 1991), geschrieben, spielt im Hippie-Milieu und erzählt von einer jungen Frau, die entdeckt, daß ihr Mann sie betrügt.

Inzwischen ist Julia Roberts auch als Produzentin tätig. Ihre YMA Productions hatte mit Caravan Pictures von Joe Roth einen Vertrag abgeschlossen, bevor dieser Produktionschef von Disney wurde.

DANKSAGUNG

Wie immer gilt mein Dank Karsten Prüßmann für seine geduldige Hilfe sowie Viktoria Sempf (Fox Video) und Renate Lorenz (RCA/Columbia Pictures Video) für die freundliche Überlassung von Ansichtskassetten. Außerdem möchte ich Ida Martins für ihre Anregungen danken sowie Bernhard Matt für seine Ruhe, bis zum letzten Moment zu warten.

Bibliographie

Bücher

Adolf Heinzlmeier: Julia Roberts – A Pretty Woman. Rastatt 1991

Zeitschriften

David Ansen: In: Newsweek, 26.3.1990
Iain Blair: In: The Chicago Tribune, 27.1.1991
K. Brettschneider/Klaus Stiller: Julia Roberts wie Pretty Woman. In: TV Movie 5/22.2.–6.3.1992
bt.: Aus für Julia Roberts?, In: Cinema 161/Oktober 1991
Jean-Paul Chaillet: Julia Roberts. In: Première, No. 181/Avril 1992
David Denby: In: New York, 2.4.1990
Christophe d'Yvoire: Julia Roberts l'accord parfait. In: Studio Magazine No. 45/Janvier 1991
Myra Forsberg: In: New York Times, 18.3.1990
Jeffrey Goodell: Hollywood's Hard Times. In: Premiere (USA), January 1992
People. 17.9.1990
Gernot Gricksch: Manchmal schmeiße ich Kiefer einfach aufs Sofa. In: Cinema 154/März 1991
Christine Haas: Une star est née. Julia Roberts. In: Première, No. 165/Decembre 1990
Peter Körte: Judgement Day in Hollywood? In: epd Film 3/1992
Sherly Kornman: In: Daily News, 12.11.1989
Janet Maslin: In: The New York Times, 21.10.1988
Robert Palmer: Suddenly Julia. In: American Film, July 1990
Rex Reed: When Hollywood came to Natchitoches, Louisiana. In: Premiere (USA), December 1990
Michael Reese: In: Newsweek, 26.3.1990
Fred Schruers: Julia Roberts. In: Max, Juni 1991
ders.: Peter Pandemonium. In: Premiere (USA), December 1991
D. Sindermann: Julia Roberts: Er war so eklig. In: Express, Köln 21.11.1991 (zit. nach Entertainment Weekly)

Register

Alexander, Jason 60
All the President's Men 137
Alvarado, Trini 28
Anderson, Kevin 101
Ansen, David 72
Anspach, Susan 18

Bacon, Kevin 79, 82
Baja Oklahoma 36
Baldwin, Alex 79
Baldwin, William 79, 82
Basinger, Kim 93
Bass, Ronald 97
Bateman, Justine 28f
Batman 21, 93
Beckett 24
Bellamy, Ralph 64
Bergin, Patrick 93f, 96, 107
Blair, Iain 99, 102
Blenville, Peter 24
Blood Red (Stirb für dein Land) 16, 20f, 23, 25
Borden, Lizzie 93
Brettschneider, K. 108
The Bronx 36
Burstin, Ellen 111
Burton, Richard 24

Cain, Christopher 78
Capra, Frank 39
Chaillet, Jean-Paul 127, 132
Cobertson, Cliff 25
Coffey, Scott 30
Colbert, Claudette 39
Consenting Adults 137
Coppola, Carmine 20
Crime Story 26
Cronyn, Hume 137
Culp, Robert 138

De Mornay, Rebecca 25
Denby, David 72
De Niro, Robert 57
Dewhurst, Colleen 117
D'Onofrio, Vincent Phillip 38, 116
Douglas, Michael 86
Dreamscape 93
Dukakis, Olympia 47ff, 52ff
Dying Young (Entscheidung aus Liebe) 7, 9, 12, 57, 90, 109ff, 120, 122, 132

Eine verhängnisvolle Affäre (Fatal Attraction) 107
Ein Herz und eine Krone (Roman Holiday) 32
Elizondo, Hector 64
Entscheidung aus Liebe (Dying Young) 7, 9, 12, 57, 90, 109ff, 120, 122, 132
Es geschah in einer Nacht (It Happened One Night) 39
E. T. 21, 130

Family Ties 28
Fatal Attraction (Eine verhängnisvolle Affäre) 107
Field, Sally 12, 47ff, 53f, 56f, 110f
Flatliners 79–82, 85ff, 89, 92, 108, 110f, 117
Fonda, Jane 72
Forsberg, Myra 25
Fosse, Bob 25
Fox, Joseph Running 19

Gable, Clark 39
Garbo, Greta 72
Gere, Richard 59, 68, 74f, 77
Giannini, Giancarlo 18
Gielgud, John 24
Gish, Annabeth 35, 37, 44
Goldberg, Leonard 93
Goldwyn, Tony 138
Goodall, Caroline 129
Goodell, Jeffrey 16
Gricksch, Gernot 72, 74, 90, 97, 106f
Guillory, Jeanne 50

Haas, Christine 46, 50, 63, 123f
Hannah, Daryl 47f, 54
Harling, Robert 46f, 53, 56
Harling, Susan 46, 50
Harris, Lala 18
Harry, Deborah (Blondie) 34
Heard, John 138
Heinzlmeier, Adolf 28, 36, 85
Hemingway, Mariel 25
Hepburn, Audrey 7, 32, 77
Hepburn, Katharine 7, 77
Hiller, Arthur 121
Hoffman, Dustin 126, 129
Home Alone (Kevin – allein zu Haus) 77
Hook 90, 92, 124ff, 130, 132f, 134
Hopper, Dennis 16
Hoskins, Bob 129
Hyde-White, Alex 64

I Love Trouble 143
Irvin, John 93
It Happened One Night (Es geschah in einer Nacht) 39

Johnson, Don 26

Konchalovsky, Andrei 25
Kornman, Sherly 56
Kevin – allein zu Haus (Home Alone) 77
Klute 137

Lawrence, Elizabeth 101
Lawrence, Marc 20
Lindley, John W. 97
Loren, Sophia 8, 72
The Lost Boys 80, 92
Love Crimes 93

Love Story 121
Lyne, Adrian 107

MacLaine, Shirley 47ff, 52ff, 72
Madonna 8
Magnolien aus Stahl – Die Stärke der Frauen (Steel Magnolias) 46, 48f, 52, 54, 56, 88, 93, 111
Mann, Michael 26
Marshall, Garry 63, 72ff, 77
Mary Reilly 143
Maslin, Janet 44
Masterson, Alexandra 18
Masterson, Mary Stuart 18
Masterson, Peter 16, 19f
McCormick, Kevin 111
McDermott, Dylan 49, 57
Miami Vice 26
Monroe, Marilyn 6f
Moses, William R. 38
Mouton, Benjamin 83
My Fair Lady 79
Mystic Pizza (Pizza, Pizza – Ein Stück vom Himmel) 9, 33, 35ff, 86f, 116

Nash, Chris 30
Neeson, Liam 30, 36
Nelson, Willie 36
Newton Howard, James 117
Nicholson, Jack 21

O'Connell, Elinore 83
O'Toole, Peter 24

Pakula, Alan J. 136
Palmer, Robert 24, 26, 28, 52, 54, 56, 83, 86, 92, 94, 110, 114, 122
Parallex View, The 137
Parton, Dolly 47f, 54
Patric, Jason 91f
Peck, Gregory 32
Petrie, Donald 36, 39
Phillips, Britta 28
Pizza, Pizza – Ein Stück vom Himmel (Mystic Pizza) 9, 33, 35ff, 86f, 116
Player, The 134, 136ff, 143
Platt, Oliver 79, 82
Pond, Steven 75, 78f, 90, 108, 133
The Pope of Greenwich Village 25
Pound, Steven 88
Presumed Innocent 137
Pretty Woman 2, 7, 9, 13, 57ff, 72, 74, 76, 86, 94, 105, 111, 117, 124, 132
Price, Nancy 97

Radziwill, Lee 54
Rain Man 97
Raley, Joan 24
Reed, Rex 7, 51, 53f
Reese, Michael 23
Renegades (Renegades – Auf eigene Faust) 78

Rice, Amanda 90
Roberts, Betty (Mutter) 23
Roberts, Eric 16, 18f, 25, 44, 113f
Roberts, Joyce 108
Roberts, Walter (Vater) 23
Robin Hood (Robin Hood – Ein Leben für Richard Löwenherz) 93
Roman Holiday (Ein Herz und eine Krone) 32
Rosenberg, Stuart 25
Ross, Herbert 46, 49, 53f
Roth, Joe 16
Rourke, Mickey 25
Ruben, Joseph 92ff, 97, 105, 107f
Runaway Train 25

San Giacomo, Laura 59f
Satisfaction 28f, 34, 36
Schruers, Fred 46, 58, 87, 126
Schumacher, Joel 79f, 83, 85ff, 92, 109ff, 116f, 120–124, 131
Scott, Campbell 111, 119f
Selby, David 111
Shakespeare in Love 136
Shepard, Sam 52, 137
Sholder, Jack 78
Short Cuts 143
Sindermann, D. 92
Skerritt, Tom 48
Sleeping With the Enemy (Der Feind in meinem Bett) 92ff, 96, 106ff, 138
Sleepless in Seattle 136
Smith, Maggie 129
Spenser: For Hire 28
Spielberg, Steven 90, 92, 124–127, 130ff
Star 80 25
Stark, Ray 46
Steel Magnolias (Magnolien aus Stahl – Die Stärke der Frauen) 46, 48f, 52, 54, 56, 88, 93, 111, 134
St. Elmo's Fire 80
The Stepfather 93
Stiller, Rainer 108
Stirb für dein Land (Blood Red) 16, 20f, 23, 25
Storke, Adam 38, 40, 44
Streisand, Barbra 72
Sutherland, Donald 78
Sutherland, Kiefer 78ff, 82, 86f, 90, 92, 109f
Swanson, Gary 20

Taylor, Lili 35, 37, 44
Timmermann, Bonnie 26, 28
Trump, Donald 67

Voight, Jon 25

Washington, Denzel 139
West, Mae 14
Williams, Robin 126f, 129f
Willis, Bruce 21